H0335432

INH

Willkommen in Slowenien

Slowenien erleben

Sehenswerte Orte und Ausflugsziele

Routen und Touren

Wichtige Informationen

Karten und Pläne

Küste und Karst, liebliche Weingärten und grandiose Alpentäler: In Slowenien finden Sie erstaunlich viele Naturschönheiten auf engem Raum vereint.

Was die Werbung verspricht, hier trifft es zu: Slowenien, ein Land »auf der Sonnenseite der Alpen«, das »Außergewöhnliches« zu bieten hat! Binnen weniger Autostunden gelangen Besucher von den Alpen zur mediterranen Adriaküste, vom kargen Karst mit phantastischen Tropfsteinhöhlen im Westen zur anmutigen Hügel- und Weinregion im Osten, von der steirischen Weinstadt Maribor über das barocke Ljubljana bis zu den venezianisch geprägten Hafenstädtchen Koper, Izola und Piran.

Vertraute Fremde

Wer von Österreich kommt, wird kaum bemerken, daß er eine Grenze überschreitet. Alpengipfel türmen sich zu gewaltiger Höhe, die Täler sind mit einem grünen Teppich bedeckt. Dichte Wälder säumen die Straße, dazwischen Heuharfen auf gewellten Weiden, Dörfer mit blumengeschmückten Bauernhäusern und weißgetünchten Kapellen. Auch die Menschen, denen man begegnet, scheinen vertraut. Im Gasthaus sieht man Männer mit

Wildromantisch und sonnenverwöhnt: die Julischen Alpen

wettergegerbtem Gesicht und tiefherabgezogenem Hut, auf dem Markt ältere Frauen mit buntem Kopftuch. Sie schauen freundlich drein, nur ihre Sprache klingt fremd. Erstaunlich oft sprechen die Slowenen mehrere Fremdsprachen; fast immer gehört dazu deutsch oder englisch, nach Westen zu auch häufig italienisch.

Kleines Land – große Vielfalt

In diesem Buch werden fünf touristische Zentren vorgestellt, von denen aus sich die Umgebung vortrefflich erkunden läßt. Hauptort der Alpen ist das romantische **Bled**. Es liegt an einem warmen Badesee, von der ehrwürdigen Burg schaut man auf eine grüne Wallfahrtsinsel nieder. Nach Westen zu erheben sich die Gipfel der Julischen Alpen, der **Triglav-Nationalpark** lädt zu Wanderungen ein. Von Kranjska Gora führt eine Straße durch den Park südwärts, geleitet über das teils spektakuläre, teils malerische Soča-Tal zur Adria hinab.

Schönster Küstenort der 46 Kilometer langen Slowenischen Riviera ist **Piran,** ein Ensemble venezianischer Kirchen, Plätze und Paläste. Das Leben der Bewohner spielt sich im Freien ab, behaglich schweift der Blick aufs offene, nach Tang riechende Meer. Nur wenige Kilometer südlich liegt **Portorož**, ein betriebsames Ferienzentrum, nach Norden zu das hübsche **Fiesa** mit seinen von Palmen und

In den Dörfern des Karst leben oft nur noch alte Menschen

Zypressen gesäumten Straßen und Häusern, die an friaulische Villen erinnern. Zweisprachige Schilder weisen den Weg ins nahe gelegene Triest, wohin die Bewohner gern zu einer Einkaufstour aufbrechen. Auch die Küche verrät italienischen Einfluß: Restaurants werben mit Pasta, Pizza und Meeresfrüchten, seltener mit den herzhaft-deftigen Speisen des Hinterlands.

Wer von der Küste landeinwärts zieht, stößt rasch auf eine gewaltige, grauweiße Kalksteinwand. Sie markiert zugleich eine geographische und eine historische Grenze: Diesseits liegt das mediterrane, ehemals venezianische Gebiet, jenseits beginnt der **Karst**, der zu Habsburg gehörte. Seine Bergkämme sind von scharfkantigen Graten zerfurcht und von kargem Strauchwerk überwuchert. Nur in den weit geschwungenen Tälern, in denen eisenhaltige rote Erde angeschwemmt wurde, ist der Anbau von Wein und Oliven noch möglich. Lange und heiße Sommer dürren die Berghänge aus, im Winter durchfegt sie die Bora, ein schneidend-kalter Nordostwind. In dieser rauhen Gegend entstanden Weiler, die festungsgleich auf den Bergkuppen thronen, die Häuser sind schutzsuchend aneinandergeschmiegt. Verwitterte Steinmauern, die zur Umhegung von Schafweiden errichtet wurden, tragen zum wild-romantischen Charakter dieser Landschaft bei. Bekanntester Ort des Karst ist **Postojna**, das frühere Adelsberg. Er birgt einen einzigartigen Naturschatz: Unter ihm erstreckt sich ein gigantisches Höhlenlabyrinth mit wunderbar geformten Tropfsteinen, und um den Ort herum locken viele weitere Grotten, typische Karstdörfer und das bekannte Reitergestüt von **Lipica**.

Die Hauptstadt **Ljubljana** liegt sehr zentral, alle großen Straßen des Landes sind auf sie ausgerichtet. Mit weniger als 300 000 Einwohnern ist sie eine eher kleine Großstadt, doch das kulturelle Angebot ist enorm: Hochkarätige Theater- und Konzertbühnen, ausgefallene Galerien und Museen buhlen um die Gunst eines verwöhnten Publikums. Ein Spaziergang an der linken Uferseite der Ljubljanica erschließt die romantische Seite der Stadt: Barock-verspielte Häuser drängen sich am Fuße des Burghügels, in den Straßencafés möchte man Stunden verbringen.

Eine Spur provinzieller wirkt **Maribor**, die Metropole der slowenischen Steiermark mit liebevoll restaurierter Altstadt. Die Stadt ist umgeben von Weinhügeln, die sich südwärts bis zur kroatischen Grenze erstrecken. Wer sich für ungewöhnliche Fundstücke aus römischer Zeit interessiert, reist nach Ptuj und Celje, in zwei der ältesten Städte Sloweniens. Historische Spuren ganz anderer Art entdeckt man weiter östlich: Sobald man die Mur überquert, fühlt man sich nach Ungarn versetzt. Die von Kornfeldern bedeckten Ebenen gehörten über 1000 Jahre zum Nachbarland, noch heute lebt hier eine zahlenmäßig starke magyarische Minderheit.

Alte Nation – junger Staat

Nur zwei Millionen Menschen leben in diesem landschaftlich reizvollen Land, das gerade einmal so groß ist wie Sachsen oder Hessen – und nur halb so groß wie die Schweiz. Seit 1991 ist es unabhängig und sucht Anschluß an jenen mitteleuropäischen Kulturraum, von dem es bis zum Ersten Weltkrieg mehr als 1000 Jahre geprägt wurde. Der südslawische Volksstamm der Slowenen hatte sich im späten 6. Jahrhundert in den Südostalpen niedergelassen und das Fürstentum Karantanien begründet. Lange durfte es sich seiner Eigenständigkeit nicht erfreuen.

Die Hauptstadt Ljubljana gibt sich weltstädtisch: vor dem World Trade Center

Mitte des 8. Jahrhunderts geriet es unter fränkische Herrschaft, mit Feuer und Schwert wurden seine Bewohner missioniert. Unter Karl dem Großen wurde die slawische Führungselite beseitigt, die Slowenen lebten fortan als Untertanen fremder Herren – Spielball im Machtpoker ausländischer Dynastien. Am längsten wurden sie vom Habsburgerreich regiert, dessen Einfluß sich ab 1282 bis zur venezianisch dominierten Küste erstreckte. Ihre Identität bewahrten Slowenen einzig mittels der Sprache. Die herrschende Schicht in Klerus und Adel sprach deutsch, das gemeine Volk (**slovenci** = die einander verstehen) sprach slowenisch.

1473 entlud sich im Drava-Tal, später auch in anderen Landesteilen, die Unzufriedenheit der Bauern in blutigen Aufständen gegen die deutsche Obrigkeit; der Protestantismus diente den Rebellen als Waffe gegen die als fremd empfundene katholische Staatskirche. Nach der Französischen Revolution erfaßte die Idee der freien Nation auch die in Wien ausgebildete bürgerliche Intelligenz. Bescheiden, aber mit Nachdruck forderte sie kulturelle Autonomie, äußerte den Wunsch, man möge slowenisch auch in Schulen und Amtsstuben sprechen dürfen. Doch nicht einmal dies wurde ihnen von der Regierung in Wien gestattet. So durfte es nicht überraschen, daß Slowenien nach dem Zerfall des Habsburgerreiches 1918 sein Schicksal mit dem seiner südslawischen Brüder verband. Deren stärkster war Serbien, das die Führungsrolle im neugeschaffenen Königreich der Serben, Kroaten und Slowenen

Das Hafenstädtchen Piran ist der schönste Ort an der slowenischen Adriaküste

beanspruchte. Der Zusammenschluß sicherte die Grenzen nach Norden, schützte die Slowenen vor militärischen Übergriffen seitens der Österreicher und Italiener. Freilich ging von Anfang an ein Riß durch die jugo-slawische (= südslawische) Allianz. Die Ursachen für den Riß lagen weit zurück: Quer durch Bosnien verlief schon seit Ende des 4. Jahrhunderts die Grenze zwischen West- und Ostrom, schied das katholische Christentum (Rom) vom orthodoxen Christentum (Byzanz). Und als 1000 Jahre später Ostrom ans Osmanische Reich fiel, kam eine weitere Trennungslinie hinzu: Parallel zur christlichen Orthodoxie etablierte sich der Islam. So entwickelten sich die Südslawen extrem unterschiedlich – was sie band, war einzig die gemeinsame Herkunft. Nach 1918 war es zunächst die autoritäre Führung des serbischen Königs, die den Zusammenhalt von Orient und Okzident ermöglichte – später, nach 1945, war es die kommunistische Partei unter Führung des Kroaten Tito, die den Versuch unternahm, Gegensätze zu versöhnen und Jugoslawien zu einen.

Der Weg zur Unabhängigkeit

Das rohstoffarme Slowenien wurde industrialisiert und stieg zur wohlhabendsten Republik des Vielvölkerstaats auf. Auflösungserscheinungen verstärkten sich nach Titos Tod 1980, als das Ausmaß bestehender staatlicher Verschuldung sichtbar wurde.

Bereits im Mittelalter war Koper eine reiche Hafenstadt; davon zeugt die reichgeschmückte Kathedrale

Slowenien, das mit acht Prozent der Bevölkerung über 20 Prozent des Bruttoinlandsprodukts erwirtschaftete, war ebenso wie das aufgrund des Küstentourismus privilegierte Kroatien nicht länger bereit, auf einen Teil seines Reichtums zugunsten ärmerer Regionen zu verzichten. Der Nutzen der sogenannten Balkan-Connection wurde neu überdacht, die politische Führung des Landes sann auf Ausstieg aus der jugoslawischen Föderation. Im Referendum am 23. Dezember 1990 votierten 96 Prozent der Wähler für die Unabhängigkeit Sloweniens, sechs Monate später, am 25. Juni 1991, wurde sie realisiert. Kurzzeitig rückte Slowenien ins Rampenlicht der Weltöffentlichkeit: Die jugoslawische Bundesarmee unternahm einen Versuch, die Grenzen nach Österreich und Italien unter ihre Kontrolle zu bringen, es kam zu Kampfhandlungen mit der slowenischen Nationalgarde und Freiwilligenverbänden. Als die Bundesarmee zehn Tage später das Land wieder verließ, waren 66 Tote zu beklagen, die meisten auf seiten der jugoslawischen Einheiten. Nach diesem militärischen Intermezzo, in Feuilletons gern als Salonkrieg tituliert, ist es um den jungen Staat still geworden; fast zu still, wie die Slowenen meinen, die darüber staunen, daß ihr Land in der westlichen Presse so oft mit der Slowakei verwechselt wird oder – schlimmer noch – mit Slawonien, dem kroatisch-serbischen Pulverfaß auf dem Balkan. Assoziationen mit dem Balkan möchten die Slowenen entfliehen, Erinnerungen an die gemeinsame Front aller Südslawen gegen habsburgische, deutsche und italienische Fremdherrschaft sollen verwischt werden. »Wir sind Mitteleuropäer« lautet die neue Beschwörungsformel; von einem Beitritt in die Europäische Union erhofft man sich die Lösung aller Probleme.

In jüngster Zeit vernimmt man freilich auch warnende Stimmen, seit bekannt wurde, unter welchen Bedingungen der Beitritt vollzogen werden soll. Die italienische Rechte klagt die Rückgabe des 1945 enteigneten Besitzes auf Istrien ein, die Europäische Union pocht auf Öffnung des slowenischen Immobilienmarkts für alle Bürger der Union. Trotz wachsender EU-Skepsis scheint jedoch eine Alternative zum Beitritt zur Gemeinschaft vorerst nicht in Sicht.

LESETIP

Die schönsten Auto-, Zug- und Wildwasserrouten führen in das Soča-Tal, in dem die blutigsten Schlachten des Ersten Weltkriegs ausgefochten wurden. Friedhöfe sind hier allgegenwärtig, erinnern an fast eine Million gefallener Soldaten. **Ernest Hemingway**, der 1918 als Sanitätsfreiwilliger an der italienischen Front diente, hat seine dortigen Erfahrungen zu einem Roman verdichtet. Im Mittelpunkt von **In einem anderen Land** (rororo) steht der amerikanische Leutnant Frederic Henry, der die Sinnlosigkeit des Krieges begreift und als Konsequenz auch die Lebenseinstellung zu überwinden sucht, die für diese Art männlichen Abenteuers empfänglich macht.

Schnell ist das Urlaubsziel erreicht. Wer mit dem Auto unterwegs ist, benötigt von München und Wien nur vier Stunden, auch der Zug braucht kaum länger.

Mit dem Auto

Sie wollen Alpen und Adria, Karst und Pannonien kennenlernen, planen einen Urlaub von Ort zu Ort? Dann sind Sie mit dem eigenen Wagen am besten bedient. Auch für Aktivurlauber, die mit schwerem Schlauchboot, Surfbrett, Kajak oder sperrigen Skiern anreisen, bleibt das eigene Vehikel die preiswerteste Option. Gleiches gilt für Familien mit Kindern, denen mehrmaliges Umsteigen von Bahn auf Bus nicht zuzumuten ist.

Wollen Sie möglichst rasch nach Slowenien gelangen, so wählen Sie am besten die folgende Route: Über München fahren Sie nach Salzburg, von wo es über Tauern- und Katschbergtunnel weitergeht nach Villach. Hinter dem Karawankentunnel erreichen Sie die slowenische Grenze, auf der Autobahn fahren Sie über Jesenice nach Bled. Länger dauert die Fahrt, wenn Sie in Österreich die mautpflichtigen Autobahnen verlassen und auf Bundesstraßen ausweichen. Diese sind zwar landschaftlich reiz-

Die schöne Vršičpaß-Straße führt in den Süden Sloweniens

voll, teilweise aber auch steil und kurvenreich. Während der Winter- und Frühlingsmonate kann es vorkommen, daß Paßstraßen wegen Unpassierbarkeit für den Autoverkehr gesperrt werden.

Eine interessante Alternative zur Tauernautobahn ist die Pyhrn-Route, Anfang der 70er Jahre als Ferienstraße konzipiert. Sie führt von Nürnberg und Passau nach Wels, erlaubt unterwegs den Besuch sehenswerter kleiner Städte. Auf der nach dem Pyhrn-Paß benannten Autobahn geht die Reise weiter nach Graz. Bei Spielfeld/Šentilj wird die Grenze zu Slowenien erreicht, die Adriaroute führt über Maribor und Ljubljana nach Postojna und Istrien.

Urlauber aus der Schweiz, aber auch viele Bewohner Süddeutschlands erreichen Slowenien via Italien. Über den St. Bernhard-, den St. Gotthard- oder den San Bernardino-Tunnel reisen sie nach Mailand, über Venedig und Triest stoßen sie zur Slowenischen Riviera vor.

Bei der Einreise nach Slowenien wird neben Führerschein und Fahrzeugschein die **Grüne Versicherungskarte** benötigt. Sie können sich eine Kurzzeitversicherung auch an der Grenze ausstellen lassen, die Gültigkeit ist auf 15 bzw. 30 Tage beschränkt. Sämtliche Grenzübergänge sind nonstop geöffnet.

Mit dem Zug

Wer die Spartarife der Deutschen- bzw. der Österreichischen Bundesbahn nutzt, kann mit dem Zug bequem und preiswert nach Slowenien gelangen. Ab einem beliebigen deutschen Abfahrtsbahnhof kostet die Fahrt nach Ljubljana und zurück für eine Person 300 DM, zwei Personen zahlen zusammen 500 DM.

Der Besondere Tip

Mit dem Schiff an die Slowenische Riviera Der schönste Weg nach Slowenien führt über Venedig. Am Canal Grande besteigen Sie die Prince of Venice und lassen sich 2 1/2 Stunden durch den Golf von Triest nach Portorož schippern. Von hier sind es nur drei Kilometer bis zum Küstenstädtchen Piran, wo Sie erneut venezianisches Ambiente umfängt: Schon von weitem grüßt der Campanile, der Tartini-Platz ist von hellen Palazzi gesäumt, die mit dem Relief des geflügelten Markuslöwen geschmückt sind. Die Prince of Venice startet von April bis Oktober jeden Fr, Sa und So um 17.30 Uhr, Tickets erwirbt man bei Kompas Italia, San Marco 1497, 30124 Venedig, Tel. 00 39/41/5 28 65 45, Fax 5 20 61 84

Zugverbindungen gibt es ab Deutschland mehrmals täglich; wer in München nachts in den IC steigt, erwacht morgens bereits in der slowenischen Hauptstadt. Die schnellste Linie bietet der EC Mimara, der tagsüber von Leipzig über Jena, Nürnberg, München und Salzburg nach Ljubljana rollt.

Von Österreich aus wird Ljubljana nicht nur ab Salzburg und Villach, sondern mehrmals täglich auch über Wien und Graz bedient; von der Schweiz erreicht man Slowenien über Italien via Mailand, Venedig und Triest.

Wer das eigene Rad mit nach Slowenien nehmen möchte, muß sich mindestens einen Tag vor der Abreise am Bahnhof einen Gepäckschein besorgen und das Rad unter der Telefonnummer 01 80/33-2 05 20 beim EMS-Kurier-Postdienst anmelden. Das Rad muß im Karton verpackt werden; nur Lenkrad und Sattel dürfen herausragen. Der Kurier-Postdienst holt den Drahtesel samt ausgefülltem Gepäckschein von zu Hause ab, nach 2–3 Tagen kann es vom Zielbahnhof abgeholt werden.

Mit dem Bus

Mehrmals wöchentlich bietet die Deutsche Touring Gesellschaft Busverbindungen von größeren deutschen Städten nach Ljubljana bzw. Maribor an. Der Preis für eine sechs Monate gültige Hin- und Rückfahrkarte nach Ljubljana bewegt sich je nach Abfahrtsort zwischen 120 und 300 DM. Informationen über aktuelle Fahrpläne und Preise erteilt die Zentrale in Frankfurt: **Deutsche Touring GmbH,** Am Römerhof 17, 60486 Frankfurt, Tel. 0 69/79 03 50, Fax 70 47 14.

Mit dem Flugzeug

Die slowenische Fluggesellschaft Adria Airways bietet täglich Linienflüge ab Frankfurt, München, Wien und Zürich nach Ljubljana. Der günstigste Tarif schwankt zwischen 500 und 600 DM. Zusätzliche Verbindungen bieten z. B. Lufthansa, Austrian Airlines und Swissair. Nach etwa einer Flugstunde landet man auf dem sympathisch kleinen Flughafen Ljubljana-Brnik; Linienbusse fahren zur 28 Kilometer südlich gelegenen Hauptstadt. **Adria Airways** (Zentrale), Große Eschenheimer Str. 43, 60313 Frankfurt, Tel. 0 69/29 02 74, Fax 29 19 64.

Mit eigenem Boot

Für die Anfahrt mit Trailergespann empfiehlt sich die Strecke über Salzburg, Tauernautobahn, Karawankentunnel, Ljubljana, Postojna nach Koper. Wer über See kommt, muß zunächst einen **Port of Entry** anlaufen. Ganzjährig geöffnet sind die Häfen von Koper und Portorož, wo man nach Vorlage von Führerschein und Funkzeugnis, Bootsdokument und Crewliste den obligatorischen **Permit of Navigation** erhält. Der größte Yachthafen befindet sich in Portorož. **Marina Portorož,** Cesta Solinarjev 8, Tel. 0 66/47 11 00, Fax 47 15 10.

So vieles ist zu entdecken zwischen Alpenland und Küste, daß selbst der müdeste Urlauber beweglich wird und zu Tagesausflügen aufbricht.

Slowenien besitzt ein gutes Straßennetz. Mautpflichtige Autobahnen gibt es auf einer Länge von 250 Kilometern. Die Verbindung von Šentilj (Spielfeld) bis Maribor wurde fertiggestellt, der Anschluß bis Ljubljana erfolgt 1998.

Benzin ist preiswert, für einen Liter sind zwischen 0,80 und 1,20 DM zu zahlen. Die Höchstgeschwindigkeit beträgt 120 km/h auf Autobahnen, 80 km/h auf Landstraßen und 60 km/h innerhalb geschlossener Ortschaften. Erlaubter Alkoholgehalt im Blut: 0,5 Promille.

Der slowenische Pannendienst AMZS reagiert auf Tel. 987, die Hilfeleistung ist kostenpflichtig. Bei einem Unfall ist über Tel. 92 die Polizei zu verständigen. **AMZS,** Dunajska 128, 1000 Ljubljana, Tel. 061/341341.

Mietwagen

Am Flughafen sowie in allen größeren Städten und Urlaubsorten gibt es Vertretungen internationaler Autoverleihunternehmen wie Hertz, Europcar und Budget rent a car. Tagesmieten

Busse sind das wichtigste öffentliche Verkehrsmittel: Busbahnhof in Maribor

inklusive unbegrenzter Kilometer, Steuer und Versicherung liegen selbst für Kleinwagen bei 100 DM. Preiswerter ist die Firma ABC mit Büros u. a. am Flughafen und in Ljubljana. Auch das Fly & Drive-Angebot der Fluggesellschaft Adria Airways ist günstig.

Zug

Zugfahren ist billig und bequem, doch gibt es leider nur wenige Verbindungen. Eine Hauptlinie führt von Jesenice im Nordwesten über Ljubljana in den Südosten des Landes. Eine zweite Strecke verbindet Maribor im Nordosten mit der Hauptstadt Ljubljana und dem Küstenort Koper. Die Abfahrtszeiten der Züge sind auf gelben Tafeln mit der Aufschrift Odhod, die Ankunftszeiten auf weißen Tafeln mit der Aufschrift Prihod angegeben.

Bus

Der Bus ist das wichtigste öffentliche Verkehrsmittel. Ein dichtes Liniennetz erschließt alle Regionen des Landes, selbst abgelegene Dörfer werden regelmäßig angefahren. Die Terminals liegen meist neben den Zugbahnhöfen, für Expreßbusse ist Reservierung zu empfehlen.

Rad

Mountainbiking ist in Slowenien mittlerweile zu einer Art Nationalsport aufgerückt. In vielen Hotels, Pensionen und Bauernhöfen werden Räder verliehen; auch in Sportgeschäften und bei Touristeninformationen kann man fündig werden. Wichtige Städte wie Ljubljana, Maribor, Ptuj, Novo Mesto, Kranj und Škofja Loka verfügen über Radwege.

Der Besondere Tip

Mit dem Museumszug ins Soča-Tal Von einer Dampflok angetrieben, kämpft sich der fast hundertjährige Karawankenzug durch Tunnel und dunkle Wälder, quert kühne Brücken und überwindet dabei erstaunliche Steigungen. Die Fahrt startet frühmorgens in Jesenice, Sie können aber auch zusteigen in Bled oder Bohinjska Bistrica. Im Büffetwagen lassen Sie sich verwöhnen, im Postwagen werden Briefe mit einem nostalgischen Stempel versehen. Endstation ist Most na Soči knapp südlich von Tolmin. Buchung über die Geschäftsstellen von Slowenijaturist. Ljubljana, Slovenska 58, Tel. 0 61/31 42 84, Fax 32 88 84, Fahrpreis ca. 75 DM, Kinder die Hälfte. ■ A 3/B 2

Vom Zimmer im gemütlichen Bauernhaus bis zur Suite im feudalen Schloß: In Slowenien finden Sie eine Vielzahl ausgezeichneter Unterkünfte.

Komfortable Hotels und Pensionen, gepflegte Gasthöfe und Privatzimmer: Der Standard slowenischer Unterkünfte entspricht voll und ganz mitteleuropäischem Niveau. Zum Problem wird die Zimmersuche nur in Ljubljana, wo fast das ganze Jahr über Messen stattfinden, und an der Slowenischen Riviera, wo es zur Zeit der Sommerferien zu Engpässen kommt. Wer immer es sich einrichten kann, sollte deshalb in der Vor- oder Nachsaison reisen: Die Preise sind dann bis zur Hälfte reduziert, das Angebot freier Unterkünfte ist groß. Bedenkenlos kann man sich mit Auto, Bus oder Zug durch Slowenien treiben lassen – das Quartier am Abend steht bereit, vorherige Reservierung ist nicht nötig!

Hotels

Die slowenischen Hotels werden in vier Kategorien eingeteilt: L (de Luxe), A (Firstclass), B (Zimmer mit eigenem Bad) und C (Zimmer mit fließend warmem und kaltem Wasser). Oft gehören mehrere,

Der Campingplatz bei Bovec im Soča-Tal ist besonders bei Kanuten beliebt

dicht beieinanderliegende Hotels einem Unternehmen: Gäste, die sich in der preiswerteren Unterkunft einquartiert haben, können die Serviceleistungen des teureren Hauses (Schwimmbad, Sauna etc.) mitbenutzen. Als Alternative zu traditionellen Komforthotels und Appartementhäusern bieten sich Burgen und Schlösser abseits der Touristenströme an. Zu den schönsten – allerdings auch teuersten – gehören Otočec und Mokrice, Vila Bled und Podvin. Auf Wunsch schickt Ihnen das slowenische Fremdenverkehrsamt die aktuelle Unterkunftspreisliste, in der Hotels und Burgen, aber auch Gästehäuser und Pensionen aufgeführt sind. Wird Reservierung gewünscht, so kann sie direkt oder über das örtliche Touristenbüro erfolgen; die Preise sind identisch, Vorauszahlung ist erwünscht.

Privatzimmer

In fast allen slowenischen Orten werden Privatzimmer (**sobe**) vermietet. Auch sie werden in Kategorien eingeteilt: Zimmer der ersten Kategorie verfügen über ein eigenes Bad, die der zweiten nur über ein Waschbecken – Bad und Toilette befinden sich meist auf dem Flur und werden von Familienangehörigen oder anderen Gästen mitbenutzt. Privatzimmer und Ferienwohnungen werden über die Touristeninformation vermittelt, oft auch über Reisebüros. Wer länger als drei Tage bleibt, zahlt pro Nacht 30–50 Prozent weniger.

Camping

Campingplätze sind ideal für Familien mit kleinem Budget. 40 offizielle Kampi gibt es in Slowenien, die schönsten befinden sich am Bohinjer See (Zlatorog) und bei Kranjska Gora (Špik). Der Campingplatz von Bovec im Soča-Tal ist ganz auf die Bedürfnisse von Kanuten ausgerichtet. Das Campingverzeichnis können Sie gleichfalls beim slowenischen Fremdenverkehrsamt anfordern.

Jugendherbergen

In Ljubljana und Maribor verwandeln sich zur Zeit der Sommerferien Studentenwohnheime (**Dija ški dom**) in preiswerte Quartiere für junge Leute. Ansonsten ist die Zahl der Jugendherbergen in Slowenien begrenzt. Das aktuelle Verzeichnis aller Nachtlager ist erhältlich beim: **Deutschen Jugendherbergswerk,** Postfach 1455, 32704 Dortmund, Tel. 0 52 31/7 40 10.

Schutzhütten

Für Wanderer, die von Berg zu Berg ziehen, hat der Slowenische Alpenverein ein dichtes Netz von Schutzhütten (**koča/dom**) geschaffen. Sie sind immer bewirtschaftet, hungrigen Wanderern werden Eintöpfe und kleinere Gerichte aufgetischt. Wichtig zu wissen: Auch wenn die Hütte bis zum letzten Platz belegt ist, wird bei schlechten Witterungsbedingungen niemand abgewiesen. In der Regel sind sie von Anfang

Juni bis Mitte September geöffnet, tiefergelegene Hütten auch ganzjährig. Nähere Informationen erhalten Sie beim: **Slowenischen Alpenverein,** Dvoržakova 9, 1000 Ljubljana, Tel. 061/31 25 53

Unterkünfte sind bei den einzelnen Orten im Kapitel »Sehenswerte Orte und Ausflugsziele« beschrieben.

Eine lokale Kurtaxe wird in den meisten Touristenorten erhoben; sie beträgt zwischen einer und zwei DM pro Tag und Person, ist oft bereits im Zimmerpreis enthalten. Die Rechnung wird in slowenischen Tolar beglichen, vielerorts kann auch in deutscher Währung bezahlt werden.

Preisklassen

Die Preise gelten für eine Übernachtung für zwei Personen im Doppelzimmer (in der Regel mit Frühstück). Der Einstufung, die in diesem Buch vorgenommen wird, liegen die Tarife der teuren Hauptsaison zugrunde; sie umfaßt die Monate Juli und August, vielerorts auch die Osterfeiertage und die letzten Tage des Jahres.

Luxusklasse ab 250 DM
Obere Preisklasse ab 120 DM
Mittlere Preisklasse ab 60 DM
Untere Preisklasse bis 60 DM

Der Besondere Tip

Urlaub auf dem Bauernhof Die beste Art, in Slowenien seine Ferien zu verbringen. Sie leben fernab der Städte, tauchen ein ins ländliche Ambiente der Alpen, des Karst oder der Weinregion. Entscheiden Sie sich für diese Form des Urlaubs, so wohnen Sie in gepflegten Bauernhöfen zusammen mit nur wenigen anderen Gästen. Auch lernen Sie die regionaltypische Küche kennen, die Lebensmittel kommen vom Hof frisch auf den Tisch. Wer wünscht, kann Mountainbikes und Boote ausleihen, mit einem Führer mehrtägige Wanderungen, Kletter- und Bergtouren unternehmen. Kommen Sie abends vom Ausflug müde zurück, so wartet vielleicht ein schöner warmer Kachelofen auf Sie, an dem Sie geschwind einschlummern können... Deutschsprachige Information und Buchung erfolgt über VAS, die Zentrale des Landwirtschaftlichen Genossenschaftsverbands: Agencija VAS, Miklošičeva 4, SLO-1000 Ljubljana, Tel. 00386/61/1264252, Fax 219388

Verblichener Glanz der k.u.k. Monarchie: das Grand Hotel in Portorož

Slowenien ist ein Land für Feinschmecker und Weinliebhaber: Zur mediterran-mitteleuropäischen Küche gesellt sich ausgezeichneter Wein.

Die Küche Sloweniens ist stark von den Nachbarländern geprägt: Mit Österreich teilt man die Vorliebe für Urig-Deftiges, für aufwendig zubereitete Fleischgerichte und kalorienreiche Soßen. Von Ungarn übernahmen die Slowenen pikante Paprika- und Gulascheintöpfe, von Venedig leichte mediterrane Kost, die mit Olivenöl und Kräutern abgeschmeckt wird. Nahe der Grenze zu Kroatien, vor allem im waldreichen Gebiet von Kočevski Rog, wird Wild aufgetischt, manchmal sogar Bärenfleisch.

Landesspezialitäten

Eine Vorspeise hat sich in ganz Slowenien durchgesetzt: der vom scharfen Borawind getrocknete Karstschinken **Pršut**, der besonders gern mit Oliven und Brot serviert wird. Daneben hat jede Region ihre eigenen Vorspeisen. In den Alpen finden Sie geräucherte Wurst und Salami, Schafs- und Ziegenkäse. In der Steiermark werden Ihnen salzige Strudel mit Käse- oder Fleischfüllung aufgetischt oder Pilz- und Rahmsuppen. Das für Salate verwen-

Am Hauptplatz von Škofja Loka sitzen Touristen und Einheimische beisammen

dete Öl wird aufgrund seiner dunklen Farbe auch schwarzes Gold genannt. Es wird aus Kürbiskernen gepreßt und hat einen ungewöhnlichen nussigen Geschmack. An der slowenischen Adriaküste serviert man Ihnen als Vorspeise **Brodet**, eine Art Fischgulasch, daneben Tintenfischsalat, Muscheln und Scampi. Spezialität des Vipava-Tals ist eine Sauerkrautsuppe, die von Bewohnern aus dem Friaul eingeführt wurde.

Als Hauptgericht wird im Landesinnern Schweinefleisch in allen erdenklichen Varianten serviert: als Braten mit gerösteten Kastanien, als Haxe mit Sauerkraut, als steirisches Wurzelfleisch mit gedünstetem Gemüse. Und auch für saftiges Rindfleisch und delikates Geflügel gibt es die unterschiedlichsten Rezepte. Als Beilage wird **Sterz** gereicht: Maismehl, das erst in Wasser eingekocht und später in heißem Fett verbröselt wird. Zur Jagdzeit im Herbst erobert Wild die Speisetafeln besserer Restaurants: Da gibt es zartes Kitz, Wildschwein- und Hirschbraten – dazu kommt **Ajwar** auf den Tisch, eine pikante Paprika- und Tomatencreme, die zu jeder Art von Grillfleisch gereicht wird.

An der Adria-Küste ißt man frei nach der Devise: dreimal soll ein Fisch schwimmen – im Meer, im Öl und im Wein. Der Fang wird gekocht, gedünstet und gegrillt, am liebsten aber in Olivenöl gebraten und anschließend mit Knoblauch gespickt. Bevorzugter Fisch ist die Zahnbrasse (**Zubatac**), beliebteste Beilage das spinatähnliche **Mangold**. Viele Speisenamen haben einen vertrauten Klang, erinnern sie doch an Italien: Als **Pašticada** wird Rinderbraten serviert, als **Pašta i fažd** ein Nudel-Bohnen-Gericht mit Selchfisch.

In ganz Slowenien beliebte Vorspeise: luftgetrockneter Schinken, Pršut

Die beliebtesten Nachspeisen sind regionenübergreifend. Da gibt es süße und saure Strudel, **Palačinke** (Pfannkuchen mit süßer Füllung) oder **Gibanica** (in einer Auflaufform gebackener Topfen mit Walnuß, Mohn oder Apfel). **Potica**, ein weiteres Gebäck aus Hefeteig, kann auf unterschiedliche Weise gefüllt werden: mit Quark, oft auch mit Apfel, Rosine und Nuß. Frisches Obst kommt aus dem Vipava-Tal, Käse aus den Alpen oder vom Karstberg Nanos.

Ein Juwel unter den Weinregionen der Welt

Die slowenischen Weine können sich mit den besten der Welt messen. Daß sie so wenig bekannt sind, liegt an der geringen Menge, die hergestellt wird. 95 Prozent davon werden in Slowenien konsumiert, nur fünf Prozent wandern in die Läden und Vinotheken der Nachbarländer.

Die Palette slowenischer Weine reicht vom mediterran-feurigen **Refošk** über den Karstwein **Teran** und den frischen **Cviček-Rosé** bis zu erlesenen Archivweinen, die in alten Eichenfässern jahrzehntelang gelagert wurden. Selbst Schaumwein wird in Slowenien hergestellt – und er ist so edel, daß er den Vergleich mit Champagner nicht zu scheuen braucht. In Maribor wächst die älteste Weinrebe der Welt; südlich und östlich der Stadt erstreckt sich die bedeutendste Weinregion Sloweniens. Der Wein wird in Flaschen verkauft, doch auch offene Faßweine sind nicht gepanscht; sorglos darf man zugreifen, wird nie mit schwerem Kopf erwachen. Ein Tip zum Abschluß: Wein schmeckt nirgendwo besser als am Ort, an dem er wuchs – und am besten mundet er zu den Gerichten der lokalen Küche!

Wer keinen Wein mag, kann auf die in Slowenien gebrauten Biere zurückgreifen. Am populärsten ist das kräftige **Union**, milder schmecken die Sorten **Zlatorog** und **Laško**. **Obstbrände** und Schnäpse aus Zwetschgen, Äpfeln und Birnen runden eine Mahlzeit ab. Doch auch Alkoholabstinenzler brauchen in Slowenien nicht zu verzagen: Das **Mineralwasser** »Drei Herzen« aus **Radenci** wurde schon am Wiener Hof geschätzt und wird heute überall im Land getrunken.

Restavracija, gostilna, konoba, slasčičarna

Als **restavracija** gelten gehobene Speiselokale, die oft auch internationale Kost offerieren. Darunter fallen traditionsreiche Stadtlokale gleichermaßen wie Hotelrestaurants und exquisite Gourmettempel. Als Alternative bieten sich die beliebten **gostilnas** an, gemütliche Familienbetriebe, wo gute einheimische Kost zu günstigem Preis aufgetischt wird. Relikte aus sozialistischer Zeit sind die Selbstbedienungsrestaurants (**samopostrežna restavracija**); nur an der Küste gibt es die **konobas**: lokale Treffpunkte, wo zu Getränken kleine Speisen gereicht werden. Aus österreichischer Zeit hat sich die Traditon des Caféhauses erhalten (**kavarna**), noch mehr Süßigkeiten erhält man in der Konditorei (**slasčičarna**).

Restaurants sind bei den einzelnen Orten im Kapitel »Sehenswerte Orte und Ausflugsziele« beschrieben.

Preisklassen
Die Preise gelten für ein dreigängiges Menü ohne Getränk.
Luxusklasse ab 80 DM
Obere Preisklasse ab 40 DM
Mittlere Preisklasse ab 15 DM
Untere Preisklasse bis 15 DM

Eßdolmetscher

A

ajwar pikantes: Paprikamus

B

beluši: Spargel
blitva: Mangold
bučke: Zucchini
burek: mit Fleisch, Quark oder Obst gefüllte Blätterteigtaschen

C

caj: Tee
– *z limono:* mit Zitrone
– *z mlekom:* mit Milch
čebula: Zwiebel
česen: Knoblauch
češnja: Kirsche
čevapčiči: Hackfleischröllchen vom Grill
črna redkev: schwarzer Rettich

D

divji prašič: Wildschwein
divji zajec: Feldhase

F

fazan v vinski omaki: Fasan in Weinsoße
fižol: Bohnen
fižolowa juha: Bohnensuppe

G

gibanica: Blätterteigkuchen mit Quark-, Mohn-, Nuß- und Apfelfüllung
gobe s smetano: Pilze mit Sahnesoße
golaz: Gulasch
– *segedin:* mit Sauerkraut
gos: Gans
goveja bržola: gedünstetes Roastbeef
goveja juhaš: Rindsbrühe
– *z jetrnimi:* mit Lebernockerln
– *z vraničnimi:* mit Milznockerln
– *žličniki:* mit Grießnockerln
– *z mesnimi štruklji:* mit Fleischstrudel
– *z žlikrofi:* mit gefüllten Nudelteigtaschen
grah: Erbsen

J

jabolko: Apfel
jabolčnik: Apfelwein
jabolčni sok: Apfelsaft
jagnjetina v pečici: Lammbraten
jagoda: Erdbeere
jajce: Ei
– *mehko kuhano:* weiches Ei
– *na oko:* Spiegelei
– *smežana:* Rührei
jelenov stek po lovsko: Hirschsteak nach Jägerart
juhe: Suppen

K

kaša: Brei
– *ajdova kaša:* Buchweizenbrei
– *z zeljem:* Brei mit Sauerkraut
kava: Kaffee
– *črna:* schwarzer Kaffee
– *z mlekom:* mit Milch
– *s smetano:* mit Sahne
kislo zelje: Sauerkraut
klobasa: Wurst
– *divjačinska:* aus Wildfleisch
– *domača:* hausgemacht
– *v zaseki:* mit verhacktem Speck
kmečka pojedina: Bauernschmaus
kranjska klobasa z gorčico: Krainerwurst mit Senf
krap: Karpfen
krompir: Kartoffeln
– *ocvrti/pomfrit:* Pommes frites
– *pečeni:* Bratkartoffeln
– *praženi:* Röstkartoffeln
– *s skuto:* Kartoffeln mit Quark
kruh: Brot
kruhovi cmoki: Semmelknödel

L

ledena kava: Eiskaffee
lignji na žaru: gegrillte Tintenfische
limona: Zitrone
list: Seezunge
losos: Lachs

M

marmelada: Marmelade
maslo: Butter
medvedja pečenka: Bärenbraten
mešani sir z maslom: gemischter Käseteller
mineralna voda: Mineralwasser
– *brez ogljikove kisline:* ohne Kohlensäure
– *z ogljikovo kislino:* mit Kohlensäure
mleko: Milch
mošt: Obstwein

O

obara: Eintopf
– *z žganci:* mit Sterz
– *kokošja:* Hühnereintopf
– *telečja:* Kalbseintopf
odojek na ražnju: Spanferkel
orada: Goldbrasse
ostrige: Austern

P

palačinke: Palatschinken
– *s čokolado:* mit Schokolade
– *z marmelado:* mit Marmelade
paradižnikova juha: Tomatensuppe
paradižnikova solata: Tomatensalat
paradižnikov sok: Tomatensaft
pečenka: Braten
– *mrežna:* Netzbraten
– *pljučna:* Lungenbraten
– *svinjska:* Schweinebraten
– *telečja:* Kalbsbraten
piščanec: Huhn
– *ocvrti:* Backhuhn
– *pečeni:* Brathuhn
pivo: Bier
– *domače:* einheimisches
– *temno:* dunkles
– *svetlo:* helles
– *točeno:* vom Faß
– *uvoženo:* importiertes
pleskavica: balkanischer Hamburger
pokušnja vin: Weinprobe
polenovka: Kabeljau
polenta: Polenta
pomaranča: Orange
pomarančni sok: Orangensaft
poper: Pfeffer
postrv: Forelle
– *kuhana:* blau (gekocht)
– *marinirana:* mariniert
– *po tržaško:* nach Triestiner Art (mit Knoblauch und Kräutern)
– *prekajena:* geräuchert
– *s smetanovim hrenom:* mit Sahnemeerrettich
– *z mandlji:* mit Mandeln
potica: slowenischer Napfkuchen
predjedi: Vorspeisen
pršut: luftgetrockneter Karstschinken
– *z olivami:* mit Oliven
puran: Truthahn

R

raca: Ente
– *divja raca:* Wildente
raki: Krebse
ražnjiči: gemischte Fleischspieße
rezanci: Nudeln
– *z gorgonzolo in smetano:* mit Gorgonzola und Sahne
– *z maslom:* mit Butter
– *z morskimi sadeži:* mit Meeresfrüchten
– *z gobami:* mit Pilzen
rezina: Kuchenschnitte
– *kremna rezina:* Cremeschnitte
– *orehova rezina:* Nußschnitte
ribezov sok: Johannisbeersaft
riž: Reis
rižet z gnjatjo: Rollgerste mit Schinken
rižota: Risotto
– *z gobami:* mit Pilzen
– *morska:* mit Meeresfrüchten

S

sadna kupa: Früchtebecher
sadna salata: Obstsalat
sadni sok: Fruchtsaft
salama: Salami, auch: Wurst
sendvič: Sandwich
– *s salamo:* mit Wurst
– *sirom:* mit Käse
– *šunko:* mit Schinken
sipa: Tintenfisch
sipa v solati: Tintenfischsalat
sir: Käse
sladkor: Zucker
sladoled: Eis
sol: Salz
solata: Salat
– *mešana:* gemischter Salat
srnin medaljon z brusnicami: Rehmedaillon mit Preiselbeeren
svinjski želodec: gefüllter Schweinemagen
škampi: Scampi
špageti po milansko: Spaghetti milanese
špinača: Spinat
štajerska smetanova: steirische Rahmsuppe
štruklji: Strudel
– *jabolčni:* Apfelstrudel
– *orehovi:* mit Nußfüllung
–*sirovi:* mit Topfenfüllung
šunka: Schinken

T

telečji file: Kalbsfilet
torta: Torte
– *čokoladna torta:* Schokoladentorte
– *orehova torta:* Nußtorte
– *sadna torta:* Obsttorte
– *skutna torta:* Quarktorte

V

vampi: Kutteln
vino: Wein
– *belo:* Weißwein
– *črno:* Rotwein
– *rdeče:* Roséwein

Sloweniens Weine werden überwiegend im Land selbst konsumiert

– *sladko:* süßer Wein
– *suho:* trockener Wein
– *šampanjec:* Sekt/Champagner
vinjak: Weinbrand
viski: Whisky
voda: Wasser

Z

zavitek: Strudel
- *jabolčni zavitek:* Apfelstrudel
- *sirov zavitek:* Käsestrudel
zelenjavna juha: Gemüsesuppe
zobatec: Zahnbrasse
zrezek: Schnitzel
- *dunajski:* Wiener Schnitzel
- *goveji:* Rinderschnitzel
- *svinjski:* Schweineschnitzel
žganje: Schnaps
- *brinjevec:* Wacholderschnaps
- *sadjevec:* Obstschnaps
- *slivovka:* Pflaumenschnaps
žganci: Sterz
- *ajdovi:* Buchweizensterz
- *koruzni:* Maissterz

Altes wird bewahrt, Neues phantasievoll gestaltet: Die Palette der Mitbringsel reicht von bäuerlichem Kunsthandwerk bis zu edlen Designer-Objekten.

Tempel des Kaufrausches gibt es in Slowenien bislang nicht, doch in den kleinen Läden und Boutiquen sind alle bekannten westlichen Markenprodukte erhältlich. Fast jeder Supermarkt bietet eine Delikatessenabteilung, in der Sie Pršut-Schinken, Oliven und eingelegte Pilze kaufen können. Dazu natürlich Qualitätsweine aus dem Karst, der Küstenregion und den Anbaugebieten im Osten. Besonders reich ist die Weinauswahl in den Vinotheken, die besten befinden sich in Maribor, Ormož und Vipava.

Traditionelle Märkte

Besondere Attraktion sind die lokalen Obst- und Gemüsemärkte. Alte Mütterchen verkaufen Blumenbouquets und Kräutersträuße, Gurken aus dem Faß, heiße Maroni und eingelegtes Sauerkraut. Ein wahres Fest für die Sinne ist der Markt von Ljubljana: In eleganten Säulenhallen reiht sich ein Stand an den andern, im Marmorbrunnen auf dem Kathedralplatz können die Früchte für den sofortigen Verzehr gewaschen werden.

Bemalte Bienenstockbrettchen sind ein besonderes Mitbringsel

Kunsthandwerk

Die raffinierteste **Klöppelspitze** stellen Bewohnerinnen aus Idrija her. Kunstvolle schmiedeeiserne Gegenstände findet man in Kropa, wo seit dem Mittelalter ein Eisenbergwerk in Betrieb ist. Die kunstfertigsten **Holzschnitzarbeiten** stammen aus Ribnica. Schwarze, ungarisch-inspirierte **Keramik** wird in Prekmurje hergestellt. Aus Bohinj in den Alpen kommt **gorjuška čedra**, eine kleine, handgeschnitzte Pfeife, die mit Silberplättchen geschmückt ist. Die größte Auswahl volkstümlicher **Bienenstockbrettchen** bietet Radovljica. Eleganter **Goldschmuck** wird in den Juweliergeschäften von Celje feilgeboten. Der filigrane **Silberschmuck**, den man vor allem an der Küste sieht, ist nicht in Slowenien beheimatet, sondern im Kosovo; seit einigen Jahrzehnten wird er von eingewanderten Albanern auch in Slowenien hergestellt.

Klosterzauber

Souvenirjäger werden sogar in Klöstern fündig. Nach jahrhundertealten Rezepten stellen Mönche aus dem Kloster Stična ätherische Öle, Salben und Heilsäfte her. Der Produktion von Obstschnaps widmen sich die Eremiten des Klosters Pleterje. Wer sich darüber wundert, wie eine pralle Birne in eine schmale Flasche gelangt, dem verraten die Eremiten die Lösung: Sobald sich ein Birnenkeimling am Baum regt, wird ihm eine Flasche über-

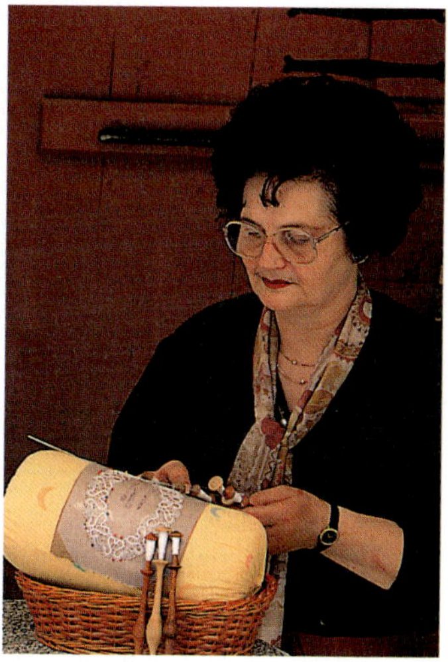

Kunsthandwerk mit Tradition:
Eine Spitzenklöpplerin in Idrija

gestülpt, in die er hineinwächst. Ist die Birne reif, wird die Flasche abgenommen und mit Brandy gefüllt. Einige Flaschen sind besonders originell geformt. Dann stammen sie von Oskar Kogoj, einem international bekannten Glasdesigner, oder aus der Werkstatt von Rogaška Slatina, wo schon seit Jahrhunderten Kristall und mundgeblasenes Glas entsteht.

Steuergewinn

Ausländer haben beim Kauf von Waren (außer Zigaretten und alkoholischen Getränken), die den Wert von 12 500 SIT übersteigen und aus Slowenien ausgeführt werden, ein Recht auf Rückerstattung der Umsatzsteuer. Diese beträgt 20–30 Prozent.

Slowenien ist ein familienfreundliches Land. Kinder sind willkommen, man sieht sie bei Theaterpremieren und auf dem Markt, in Galerien und Geschäften.

Im Restaurant erhalten kleine Kinder oft einen bequemen Kindersitz, spezielle Menüs sind auf ihren Appetit zugeschnitten. In Orten wie Piran, wo die Altstadt verkehrsberuhigt ist, beherrschen sie das Straßenbild: Auf mittelalterlichen Plätzen fahren sie Rollschuh und Skateboard, abends durchstreifen sie mit Freunden die Gassen.

Die optimalen Urlaubsvarianten für Eltern mit Kindern sind Ferien auf dem Bauernhof (→ Hotels und andere Unterkünfte, Der Besondere Tip, S. 18) und das Campen in freier Natur. Hier gelten keine strengen Anstands- und Manierregeln, fern ist die Welt disziplinierender Kellner und Portiers. Besonders wohl fühlen sich Kinder auf dem Campingplatz von Lesce (bei Bled); hier gibt es einen herrlichen Badesee und Flußstrand, dazu große Kinderspielplätze und ein speziell auf die Bedürfnisse von Kindern zugeschnittenes Sport- und Freizeitprogramm. Bester Platz entlang der Küste ist der in Ankaran; hier kann man z. B. Trampolinspringen, Fußball, Volleyball und Tischtennis spielen. Einziger Ort mit wirklich schönem Sandstrand ist Portorož – im seichten Uferbereich können Kinder gefahrlos planschen. Der Zeltplatz liegt leider mehr als zwei Kilometer südlich der Stadt – vielleicht sollte man sich hier für ein Hotel oder ein Privatzimmer entscheiden!

Im Kloster Bistra wird die Energieerzeugung durch Wasserkraft lehrreich vorgeführt

Aquarium in Maribor ■ E 2
Tropische Kriechtiere und Meeresfische findet man im Aquarium am Ostrand des Stadtparks von Maribor. Für Kinder bis 5 Jahre ist der Eintritt frei.
Heroja Staneta 19
Maribor
Di–Fr 9–18 Uhr, Sa und So 9–12 und 14–18 Uhr

Aquarium in Piran ■ A 4
In 25 kleinen Aquarien werden Meeresflora und -fauna der Adriaküste vorgestellt.
Kidričevo Nabrežje 4
Piran
Tgl. 9–20 Uhr

Ponyreiten in Lipica ■ B 4
Im Pferdeparadies Lipica können Kinder ihr Können auf 30 geduldigen Ponys erproben. Wer dazu keine Lust hat, fährt mit einer zweispännigen Kutsche durch die romantische Parklandschaft oder begnügt sich mit dem Anblick der neugeborenen schwarzen Fohlen, die sich um ihre schneeweißen Mütter drängen.
Lipica
Sežana
Tel. 0 67/7 26 17, Fax 7 28 18

Puppentheater in Maribor ■ E 2
Das renommierte Marionetten- und Pantomimentheater ist nicht nur für Kinder interessant. Eintrittskarten erhalten Sie eine Stunde vor Beginn der Vorstellung an der Theaterkasse.
Lutkovno gledališče
Rotovški trg 2
Maribor
Tel. 0 62/2 67 48

Technikmuseum in Bistra ■ B 3
In einem malerisch gelegenen ehemaligen Kloster 24 km südwestlich von Ljubljana kann man anhand großer, durch Wildbäche angetriebenen Holzräder das Prinzip der Wasserenergie kennenlernen.
Tehniški muzej Slovenije
Bistra pri Vrhniki
Di–So 8–16 Uhr (im Winter geschl.)

Zoo in Ljubljana ■ C 3
Der Tierpark von Ljubljana ist Teil des Naturschutzparks am südlichen Berghang des Rožnik.
Večna pot
Ljubljana
Di–So von 9 Uhr bis zum Einbruch der Dunkelheit

Der besondere Tip

Abenteuerurlaub für Kinder Mit Schafen und Ziegen auf eine Weide ziehen, im Stall nach Hühnereiern fahnden? Vielleicht auch Kräuter sammeln und Tee daraus bereiten, in steinernen Öfen Brot backen? Dies alles dürfen Kinder in ausgesuchten slowenischen Bauernhöfen. Deutschsprachige Information und Buchung: Agencija Vas, Mikošičeva 4, 1000 Ljubljana, Tel. 0 03 86/61/1 26 42 52, Fax 21 93 88

Ein kleines Land mit erstaunlicher Vielfalt an Aktivitäten: Wanderer und Bergsteiger kommen hier ebenso auf ihre Kosten wie Kanuten, Angler und Reiter.

Wer im Urlaub vor allem baden möchte, hat die Wahl zwischen Slowenischer Riviera, kristallklaren Alpenseen sowie Kur- und Thermalbädern. Die 46 Kilometer lange Küste ist vorwiegend felsig, beliebt bei Seglern und Bootsfahrern, Surfern und Tauchern. Den einzigen größeren Sandstrand besitzt Portorož, kleinere Badebuchten gibt es in Fiesa, Ankaran und Izola. In Piran, der schönsten Stadt entlang der Küste, muß man sich mit Steinplateaus bescheiden, von denen Stufen ins Meer führen. Im Umkreis der Industriestadt Koper ist das Wasser verschmutzt, bei Sečovlje nahe der kroatischen Grenze liegen ausgedehnte Salinen. Wunderbar baden läßt es sich in den sauberen Alpenseen. Der Wocheiner See (Bohinjsko jezero) ist im Hochsommer erfrischend kühl, im Bleder See (Blejsko jezero) kann man aufgrund warmer Quellen bis Ende Oktober in die Fluten springen. Erfrischen kann man sich auch in einem der zahlreichen Bergflüsse, unter Felsvorsprüngen und Kaskaden.

In Bled kann man vor eindrucksvoller Alpenkulisse Golf spielen

Angeln

Der passionierte Angler findet in Slowenien viele saubere Flüsse und Seen. Wirft er die Angelrute an der Slowenischen Riviera aus, benötigt er keine Lizenz und darf eine tägliche Fischmenge von 5 kg behalten. In den Gewässern des Binnenlands dagegen ist eine Erlaubnis erforderlich, nicht selten sind Fangzeiten und -methoden genauestens vorgeschrieben. Als beste Angelreviere gelten die wilden Alpenflüsse Soča und Sava Bohinjka; fischreich sind auch die romantischen Karstflüsse Krka und Kolpa sowie die Mur im Osten des Landes.

Angellizenzen (Tageskarte je nach Gebiet 4–80 DM) sind in Touristenbüros erhältlich; Informationen über Fangzeiten erteilt das zentrale Fischereiamt:

Zavod za ribištvo ■ b 2
Župančičeva 9
1000 Ljubljana
Tel. 0 61/1 26 20 19, Fax 1 25 51 85

Bergwandern

Wandern und Bergsteigen sind eine nationale Leidenschaft. Ein über 9000 km langes Wegenetz spannt sich über die Julischen und Kamniker Alpen sowie die Mittelgebirge Pohorje, Snežnik und Nanos. Die Routen sind sorgfältig markiert: Ein roter Kreis mit weißem Punkt gibt ihre Fortsetzung an, an Kreuzungen erleichtern Hinweisschilder mit Entfernungs- und Zeitangaben die Orientierung. Mehrere Wege führen auf den Triglav, den mit 2864 m höchsten Berg Sloweniens. Ein relativ leichter Aufstieg wird im Kapitel »Routen und Touren« vorgestellt.

In über 140 Berghütten finden müde Wanderer Kost und Logis. Viele Herbergen liegen entlang der Europäischen Fernwanderwege E-6 und E-7, die das Land in Nord-Süd- bzw. West-Ost-Richtung durchqueren. Der Slowenische Bergwanderweg Nr. 1 verbindet Triglav, Vogel und Kobla, führt über Postojna weiter bis zur Hafenstadt Koper. Wer die Berggipfel in Begleitung professioneller Führer erklimmen möchte, wendet sich an den slowenischen Alpenverein. Dort sind auch detaillierte Wanderkarten erhältlich.

Planinska Zveza Slovenije ■ c 1
Dvořakova 9
1000 Ljubljana
Tel. 0 61/31 25 53, Fax 1 32 21 40

Gleitschirm- und Drachenfliegen

Steil aufragende Gipfel über tief eingeschnittenen Tälern schaffen ideale thermische Bedingungen fürs Fliegen. Der höchste Startplatz befindet sich in 2200 m Höhe in den Julischen Alpen. Tandemflüge (gemeinsam mit einem erfahrenen Lehrer) sowie fünftägige Anfängerkurse, die mit dem Pilot-Ausweis der Kategorie L abgeschlossen werden, bieten Agenturen in Bovec und Bohinj.

Alpkomerc Hoteli Bovec ■ A 2
Agencija Bovec
Trg golobarskih žrtev 18
5230 Bovec
Tel. 0 65/8 61 01, Fax 8 60 81

Alpinsport ■ B 2
Ribčev Laz 53
4265 Bohinjsko jezero
Tel./Fax 0 64/72 34 86

Golf

Slowenien besitzt mehrere Golfplätze in attraktiver, natürlicher Umgebung, die sämtlich in der Nähe von Hotels liegen. Bei Bled, am Rand der Julischen Alpen, befindet sich ein 65 ha großer 18-Loch-Golfplatz; eine zweite, ebenso große Anlage ist im Bau. Der 1989 eröffnete 9-Loch-Golfplatz von Lipica ist in malerische Karstlandschaft eingebettet; unweit der kroatischen Grenze liegt das renommierte Golfhotel Mokrice mit einer weiteren 18-Loch-Golfanlage. Die Saison dauert von Mitte April bis zum Spätherbst.

Bled Golf & Country Club ■ B 2
Cesta Svobode 13
4260 Bled
Tel. 0 64/71 82 30, Fax 71 82 25

Golf Club Lipica ■ A 4/B 4
6210 Sežana
Tel. 0 67/7 29 30, Fax 7 28 18

Mokrice Golf Club ■ E 3
Topliška cesta 35
8250 Brežice
Tel. 06 08/5 70 00, Fax 6 27 21

Höhlentrekking

Ein besonderes Abenteuer ist das unterirdische Wandern: Mit Höhlenführern erkunden Sie unerschlossene Grotten und Tunnel.

Postojnska jama ■ B 4
Jamska cesta 30
6230 Postojna
Tel. 0 67/2 50 41, Fax 2 48 70

Jagen

Ausgedehnte Wälder mit reichen Wildbeständen bieten exzellente Möglichkeiten zum Jagen. Die besten Reviere liegen in den Wäldern von Kočevski Rog und in den Hügeln von Gorjanci nahe der kroatischen Grenze. Außer Wild kann man hier auch Wildschweine und Bären schießen, allerdings wird für jedes erlegte Tier eine hohe Prämie kassiert. Nähere Informationen erteilt die nationale Jagdvereinigung:

Lovska zveza Slovenije ■ b 2
Župančičeva 9
1000 Ljubljana
Tel. 0 61/21 49 50, Fax 21 79 94

Klettern

Free-Climbing wird an 40 Felswänden praktiziert, bei erfahrenen Kletterern sind insbesondere die steilen Osphänge beliebt. Eine slowenische Spezialität ist winterliches Klettern im Eis – in einer verzauberten Landschaft aus gefrorenen, zu Eisvorhängen erstarrten Wasserfällen. Sportkletterschulen bieten Kurse an künstlichen Kletterwänden sowie in natürlicher Umgebung an.

Kletterschule Bohinj ■ B 2
Hotel Pod Voglom
Ribžev Laz 60
4265 Bohinjsko jezero
Tel. 0 64/72 34 61, Fax 72 34 46

Kuren

Die heilkräftigen Mineral- und Thermalbäder in Ostslowenien schätzten schon die Römer. Heute verfügt das Land über 16 kleinere Kurorte mit modernen Hotelsanatorien und Thermalbädern. Die ältesten sind Rogaška Slatina, Radenci, Laško, Dobrna und Dolenjske Toplice. Die neueren Kurorte Čatež und Atomske Toplice bieten phantastische Pool-Landschaften drinnen wie draußen. Über die medizinischen Indikationen informiert der Verband slowenischer Heilbäder und Kurorte:

Skupnost slovenskih naravnih zdravilišče ■ D 3
Ljubljanska 14
3000 Celje
Tel. 0 63/44 21 11, Fax 44 28 19

Radfahren

Radler finden einsame Waldstraßen im Triglav-Nationalpark, Feldwege im Karst, Weinstraßen in Ostslowenien. Geübte Mountainbiker fahren von Bled auf das Hochplateau von Pokljuka oder aber von Kranjska Góra durch das Soča-Tal zum Vršič-Paß. Räder bzw. Mountainbikes können in zahlreichen Hotels und auf Campingplätzen ausgeliehen werden.

Reiten

Seit über 400 Jahren wird in Lipica die Tradition der Pferdezucht und der klassischen Reitschule wachgehalten. Lipizzaner waren die Paradepferde der k.u.k. Monarchie, Intelligenz und Anmut zeichnete sie aus. Heute kann man in Lipica, aber auch in weiteren etwa 20 Reitsportzentren Ferien im Sattel verbringen.

Diomed Farm ■ B 4
Bauernhof 15 km östlich von Triest, am Rand des mittelalterlichen Karstdorfes Lokev. Erfahrene Reiter haben hier die Möglichkeit, auf vollblütigen Lipizzanern auszureiten. Bis zu fünf Personen können auf dem Bauernhof übernachten, es wird deutsch gesprochen!
Lokev 230
6215 Divača
Tel. 0 67/6 00 03, Fax 3 14 21

Lipica ■ A 4/B 4
Reitunterricht, Dressurkurse und Ausritte im renommiertesten Ge-stüt Sloweniens. Lipica verfügt über zwei Hotels, dazu gibt es einen Golfplatz, Tennisplätze und Schwimmbäder.
6210 Sežana
Tel. 0 67/7 26 17, Fax 7 28 18

TopTen 7

Die Soča in Westslowenien hat unter Kanuten einen ausgezeichneten Ruf

Segeln

Die slowenische Riviera bildet den Auftakt zur östlichen Adriaküste, eines der beliebtesten Segelreviere Europas. Die Einreise mit eigenem Boot ist unproblematisch, es wird keine Permitgebühr erhoben. Segler erhalten die vorgeschriebene Fahrgenehmigung im Hafenamt von Piran. Zusätzlich benötigt der Schiffskapitän einen Bootsführerschein. Ein großer moderner Yachthafen befindet sich in Portorož, romantischer liegt man in Piran oder Izola vor Anker.

Skifahren

Das einzige hochalpine Skigebiet Sloweniens befindet sich auf dem Kanin oberhalb von Bovec. Eine Kabinenbahn fährt auf den 2587 m hohen Gipfel, wo zahlreiche Abfahrtspisten starten. Größtes Wintersportzentrum ist Kranjska Gora, kleinere gleichfalls attraktive Skigebiete gibt es bei Bled und Bohinjska Bistrica sowie im Pohorje-Gebirge westlich Maribor. Ein Tagesskipaß kostet ca. 30 DM, ein 6-Tages-Paß ca. 170 DM. Die Skisaison dauert von Dezember bis März, in Bovec meist bis Mai.

Tauchen

Im Tauchzentrum Laguna in Bernardin (Portorož) kann man Kurse belegen, die mit der internationalen Tauchprüfung abgeschlossen werden. Tauchen mit Preßluftflaschen bedarf der Genehmigung durch Polizei oder Hafenamt.

Slowenischer Taucherverband
Trubarjeva 66
1000 Ljubljana
Tel. 0 61/1 33 93 08

Wildwassersport

Bestes und zugleich schönstes Revier ist die Soča. Als Ausgangspunkt für eine Kajak- und Raftingtour empfiehlt sich Bovec. Der dortige Campingplatz ist auf die Bedürfnisse von Wassersportlern eingestellt.

Agencija Alpinum ■ B 2
Ribčev Laz 50
4265 Bohinjsko jezero
Tel. 0 64/72 34 41, Fax 72 34 46

Soča-Rafting ■ A 2
Kurse, Raftingausflüge.
Hotel Alp Bovec
5230 Bovec
Tel. 0 65/8 60 40

Die Skigebiete Sloweniens sind familiengerecht

Der Festkalender bietet etwas für jeden Geschmack; am farbenprächtigsten ist der Fasching von Ptuj mit archaisch-bizarren Masken und Kostümen.

Traditionelle Feste erleben Sie am besten in Orten der Provinz, vor allem in der Weißkrain (Bela Krajina). Hier, wo Folklore noch lebendig ist, bedarf es keiner touristischen Großveranstaltung, damit sich die Bewohner in ihren Trachten präsentieren. In den Alpenregionen sind vor allem die Bauernhochzeiten beliebt; in Bled werden sie im August gefeiert.

Das auch international bekannt Sommerfestival von Ljubljana findet im Ambiente eines romantischen Klosters statt und bietet hochkarätige Konzerte klassischer Musik, aber auch Jazz und Theater. In Piran, der Geburtsstadt des Komponisten und Violinisten Tartini, fühlt sich der Besucher nicht nur architektonisch, sondern auch musikalisch nach Italien versetzt, im drei Kilometer entfernten Portorož zelebriert man im Juli ein riesiges Feuerwerk. In Maribor wird zu Sommerbeginn ein ausgiebiges Fest im Altstadtviertel Lent gefeiert. Barockmusik dominiert im August, das bekannte Theatertreffen findet im Oktober statt.

Zur Zeit der Weinlese schließen sich kulinarische Feste im Osten des Landes an: An warmen Tagen werden in Dorfschenken Tische und Stühle im Freien aufgestellt, zu jungem Wein werden herzhafte Speisen serviert. Die Gäste stimmen Lieder an und greifen zum Instrument, und da fast alle Bewohner deutsch sprechen, kommt man mit seinen Tischnachbarn leicht in Kontakt.

Bei der Maifeier in Maribor wird gesungen und getanzt

Februar
Karneval in Ptuj
Der archaische Faschingsumzug (**Kurentovanje**) ist in ganz Slowenien berühmt. In Schafspelze gehüllt, tanzen dämonische Wesen durch die Gassen, tragen zähnefletschende Masken, vertreiben mit Glocken und Keulen die bösen Geister des Winters.

April
Slowenische Musiktage in Ljubljana
Der Frühling wird mit Konzerten im ehemaligen Kloster Križanke eingeläutet.

Mai
Weinfest in Metlika
Während des Fests Vinska Vigred fließt dunkelroter Metliška črnina in Strömen.

Juni
Kirschenferien in Goriška Brda
Am ersten Junisonntag wird die Kirschernte mit Umzug, Musik und Tanz gefeiert (**Praznik češenj**).

Jurjevanje-Festival in Crnomelj
Hunderte slowenischer Sänger und Tänzer treffen sich am ersten Junisonntag zu einem großen Folkloreigen.

Le virtuose veneziane in Piran
In venezianischen Kostümen werden auf dem Hauptplatz von Piran Tanz und Musik dargeboten.

Musikfest in Koper
Mitte Juni findet das größte traditionelle Musikfestival der slowenischen Unterhaltungsmusik statt (**Melodije morja in sonca**).

Johannisnacht
Über den von Berggipfeln umschlossenen Bohinjer See gleiten fackelbeleuchtete Boote. Anschließend Musik und Tanz in Ribčev Laz.

Internationales Jazzfestival in Ljubljana
Ältestes europäisches Jazzfestival: Seit über 40 Jahren treten im romantischen Kloster Križanke weltbekannte Künstler auf.

Ruderregatta in Bled
Traditionsreicher Wettkampf auf dem romantischen See.

Juli
Sommerfestival Lent in Maribor
Zwei Wochen lang, meist Anfang Juli, finden Konzerte und Theateraufführungen am Drava-Ufer statt. Während der Flößer-Taufe springen junge Leute in die Fluten des Flusses. In den Folgewochen schließt sich ein Festival der Barockmusik an.

Sommerfest in Laško
Blumen- und Bierfest im Monat des Hopfenpflückens.

Lichterfest auf dem See von Bled
Am dritten Julisonntag wird die wilde Bergkulisse mit Feuerwerk und Fackeln beleuchtet.

Juli & August
Primorska Sommerfestival in den Küstenstädten
Während der Musikabende in Piran werden im romantischen Kreuzgang des Franziskanerklosters jeden Freitag Kammermusik-, Klavier- und Gitarrenkonzerte veranstaltet. Zum Abschluß der Nacht von Portorož gibt es ein großes Feuerwerk.

Internationale Sommerfestspiele in Ljubljana
Musik-, Theater- und Tanzvorstellungen werden im Freilichttheater Križanke organisiert, in den Atrien der Altstadt kommt es zu Begegnungen mit slowenischen Künstlern. Einige Veranstaltungen finden auch in Bled und Ptuj statt.

Internationale Graphik-Biennale in Ljubljana
Jedes ungerade Jahr treffen sich Graphiker aus aller Welt zur Ausstellung ihrer Produkte im Museum für moderne Kunst, im Kunstgraphikzentrum und in zahlreichen Galerien der Stadt.

Internationale Biennale der kleinen Plastik in Murska Sobota
Etwa 40 Autoren aus europäischen Staaten sind in der Galerija Murska Sobota vertreten.

Konzerte in Rogaška Slatina
Täglich außer Montag spielt die Camerata Rogaška auf öffentlichen Plätzen des Kurorts. Im Kristallsaal werden während des Sommerfestivals Klassikkonzerte dargeboten.

August
Bauernhochzeit in Bohinj
Zweitägiges traditionelles Fest nahe Ribčev laz: Hochzeitstrachten, Folklore und Tanz.

Festival in Radovljica
Hochkarätige Aufführungen mittelalterlicher Musik in Schloß Thurnov grad.

September
Folklore-Festival in Ptuj
Anfang September treffen sich alljährlich die wichtigsten Musikgruppen aus ganz Slowenien in der Stadt an der Drava (**Festival narodne zabavne glasbe**).

Fest des Kunsthandwerks in Ribnica
Am ersten Wochenende im September werden Holzschnitzereien und Keramik den Besuchern der Stadt präsentiert. Dazu wird gesungen, getanzt und getrunken.

Almabtrieb im Tal von Bohinj
Das Vieh wird von den Almen ins Tal getrieben, die Bauern feiern mit Jahrmarkt, Tanz und Folklore (**Kravji bal**).

Neptuntaufe in Piran
Initiationsritus für Kadetten der Seemannsschule: Die Frischlinge werden im Meerwasser getauft und damit zu gleichberechtigten Mitgliedern.

Oktober
Boršnik-Festival im Theater von Maribor
Bedeutendstes slowenisches Theatertreffen (**Borštnikovo srečanje**).

Weinfest in Maribor
Mit feierlicher Geste werden die Früchte von der ältesten Rebe der Welt geerntet.

Altes k.u.k. Kurbad an smaragdgrünem See, Eingangstor zum Triglav-Nationalpark. Aufgrund seiner attraktiven Lage beliebtester Ferienort Sloweniens.

Bled/Veldes

■ B 2

TopTen 5

Die Umgebung von Bled wirkt so romantisch, daß sie wie eine Theaterkulisse anmutet. Auf dem kristallklaren Gebirgssee schwimmt eine Kircheninsel, am hohen Klippenufer thront eine mächtige Burg. Von dort bietet sich ein berauschender Blick auf die Bergwelt, man sieht elegante Hotels am Ufer des Sees, schmale Promenaden- und Wanderwege. Auf hölzernen Pletjna-Booten befördern Gondolieri ihre Gäste zur Wallfahrtskirche Mariae Himmelfahrt. Ringsum üppige Fichtenwälder, die in schroffes Hochgebirge übergehen. Der slowenische Nationaldichter France Prešeren pries Bled als »paradiesisches Gefilde«, und Präsident Tito lud seine Staatsgäste hierher, um das ehemalige Jugoslawien von seiner schönsten Seite zu zeigen.

Baden, Wandern, Skifahren

Die Karawanken und die Julischen Alpen halten kalte Berg-

Eine Gondelfahrt auf dem Bleder See ist besonders im Herbstnebel stimmungsvoll

winde fern, Baden im mit 145 Hektar zweitgrößten See des Landes ist aufgrund heißer Thermalquellen von Mitte Mai bis Ende September möglich. Zum milden Klima gesellt sich landschaftlicher Reiz: Wanderwege führen zur Vintgarklamm, auf die Hochebene von Pokljuka und auf den Aussichtsberg Straža. Im Winter verwandelt sich die Stadt in eine schneeverwehte Märchenlandschaft, Skiläufer tummeln sich an den Hängen der umliegenden Berge. Acht Kilometer außerhalb von Bled liegt Zatrnik mit 19 Kilometer präparierten Skipisten.

Unterhaltung und Folklore

Bled ist ein Ort, in dem den ganzen Sommer über Veranstaltungen wie Theater- und Musikaufführungen stattfinden. Jeden Sonntag gibt es öffentliche Konzerte im Kurpark, in den Kirchen erklingt klassische Musik. Anfang Juni findet die internationale Ruderregatta statt, im bekannten Golf & Country Club treffen sich die weltbesten Golfspieler. Am dritten Sonntag im Juli wird die Nacht von Bled gefeiert: Die ganze Stadt ist dann auf den Beinen, und über dem See wird ein großes Feuerwerk entfacht. Für viele Besucher ist dies der Höhepunkt ihres Aufenthalts – andere schwören auf den Anblick Oberkrainer Trachten, möchten die traditionelle Bauernhochzeit im August nicht missen.

Die Beliebtheit von Bled kann im Sommer zur Überfüllung des kleinen Ortes führen. Der schöne Seeweg ist dann belagert von Badenden, die Parkplätze sind schon ab den Morgenstunden überfüllt.

Begehrtes Schenkobjekt

Im Jahr 1004 machte der deutsche Kaiser Heinrich II. den Bischöfen von Brixen ein Geschenk: Er übergab ihnen das Herzogtum Veldes mit Bleder See und angrenzenden Ländereien, auf daß sie die Missionierung der aufsässigen, seit dem 7. Jahrhundert hier lebenden Slawen vollendeten. Bled wurde Bistum, die Bischöfe residierten in einem Luftschloß hoch über dem See. Erst als zur Mitte des 19. Jahrhunderts die Leibeigenschaft aufgehoben wurde, verloren sie das Interesse an den für sie nun nicht mehr profitablen Gütern. 1858 war der Verkauf abgeschlossen, das Schloß ging in den Besitz eines habsburgischen Industriellen über. Drei Jahre zuvor hatte Arnold Rikli, ein Schweizer Arzt, den Kurtourismus eingeläutet: Wo heute das Casino steht, eröffnete er die ersten Bäder, nutzte die Heilwirkung der Thermalquellen und der klaren Bergluft. Als 1870 die Zuglinie von Ljubljana nach Tarvisio eröffnet wurde, kamen immer mehr Besucher nach Bled. Vor allem Aristokraten und Industriebarone waren es, die sich im noblen Bled ein Stelldichein gaben. In der Folge wechselte die Burg mehrmals ihren Besitzer – heute gehört sie dem slowenischen Staat.

Bled
Jeseniče
Rečica
Vintgar-Klamm
Tržič
Kuhovnica 714 m
Jezerca
Višce 550 m
Grad
Cerkev Sv. Martin
Jelovica
Blejski Grad
Strandbad
TNP
Park
Dobe
Grand Hotel Toplice
Kompas
Golf-Hotel
Zagorice
Rečica
Blejsko Jezero
Otok Sv. Marija
Sv. Marija
5
Rebro
Zaka
Camping Zaka
Ojstrica 610 m
Osojnica
756 m
691 m
Galerie Svetina
646 m
Mlino
Straža
622 m
Vila Bled
Mlino
Zazer
Megre
Na Jasi
Dindol
Želeče
Dobra Gora 620 m
558 m Kozarca
Jezernica
Sava Bohinjka
Obroč 519 m
Selo
Ribno
N
0
300 m
Bled
Spaziergang mit Laufrichtung
Fernverkehrsstraße
Nebenstraße
Weg
Top Ten
Sehenswürdigkeit, öffentl. Gebäude
Kirche
Schloß, Burg
Information
Hotel
Post
Camping
Sessellift
Schiffsanleger
Bushaltestelle

Hotels und andere Unterkünfte

Golf-Hotel
Modernes sechsstöckiges Hotel in der Stadtmitte. Mit Thermalfreibad, Hallenbad und Tennisplatz; unter ärztlicher Leitung wird im Untergeschoß das Medico-Regenerativprogramm durchgeführt.
Cankarjeva 6
Tel. 0 64/79 20, Fax 74 17 68
130 Zimmer, 20 Appartements
Obere Preisklasse (Amex, DC, EC, Visa)

Grand Hotel Toplice
Ein 1931 erbautes Luxushotel am Ostufer des Sees mit schönen Salons und Aufenthaltsräumen. Viele Jahre wurde es vorrangig von Diplomaten genutzt, besonders begehrt waren und sind die zehn mit antiken Möbeln ausgestatteten Suiten. Das Hotel verfügt über ein Thermalhallenbad im Erdgeschoß (Temperatur 23° C) sowie ein eigenes Strandbad am See (mit Bootsverleih). Etwas preiswerter sind die Dependancen: Jadran mit 45 Zimmern und Trst mit 48 Zimmern (beide Obere Preisklasse).
Cesta Svobode 12
Tel. 0 64/77 79 10, Fax 74 18 41
111 Zimmer, 10 Appartements
Luxusklasse (Amex, DC, EC, Visa)

Jelovica
Fünfstöckiges Mittelklassehotel, vom Seeufer nur durch einen Grüngürtel getrennt. Fast alle Zimmer mit Balkon und Seeblick. Bistro mit Garten, Restaurant mit lokaler und vegetarischer Küche. Hallenbad, Sauna und Fitneßstudio.
Cesta Svobode 8
Tel. 0 64/79 60, Fax 74 15 50
146 Zimmer, 4 Appartements
Mittlere Preisklasse (Amex, DC, EC, Visa)

Kompas
Gemütliches, aber nicht direkt am See gelegenes Hotel mit Freibad.
Cankarjeva 2
Tel. 0 64/79 40, Fax 7 73 68
70 Zimmer, 5 Appartements
Obere Preisklasse (Amex, DC, EC, Visa)

Mlino
Komfortable Pension an der Südseite des Sees, 1,5 km vom Ortszentrum entfernt. Mit gutem Restaurant und Sommerterrasse, vom Ufer durch eine Straße getrennt.
Cesta Svobode 45
Tel. 0 64/74 14 04, Fax 74 10 21
12 Zimmer, 2 Appartements
Mittlere Preisklasse (EC, Visa)

Park
Größtes Hotel der Stadt, 200 m vom Kongreßzentrum entfernt und nur durch die Uferpromenade vom See getrennt. Von fast allen Zimmern phantastischer Ausblick auf See und Burg. Das Hotel verfügt über ein Casino, drei Restaurants, Piano-Bar, Tanzsaal und Disco. Mit Hallenbad, Fitneßcenter und Sauna.
Cesta Svobode 15
Tel. 0 64/79 30, Fax 74 15 05
188 Zimmer und 27 Appartements
Obere Preisklasse (Amex, DC, EC, Visa)

Ribno
Ruhiges, inmitten von Wäldern gelegenes Hotel in Ribno, einem Vorort von Bled. Von der Sonnenterrasse herrlicher Ausblick auf die Schlucht der Sava Bohinjka und die Bergkette von Jelovica. Verleih von Mountainbikes, nahebei Tennis- und Reitmöglichkeiten.
Izletniška 44
Tel. 0 64/74 13 21, Fax 74 11 84
60 Zimmer, 2 Appartements
Obere Preisklasse (Amex, DC, EC, Visa)

Vila Prešeren
Gepflegte Villa aus der Zeit der Jahrhundertwende. Mit herrlichem Ausblick. Gutes Restaurant.
Kidričeva 1
Tel. 0 64/74 16 08, Fax 7 78 90
6 Zimmer, 2 Appartements
Obere Preisklasse (Amex, DC, EC, Visa)

Camping Šobec
Weitläufige, an einer Schleife der Sava gelegene Anlage 2 km östlich von Bled: Tennis, Wassersport. Der niederländische Campingverband erkor den Platz zu einem der fünf besten Europas.
4248 Lesce
Tel. 0 64/71 80 06, Fax 71 90 01
550 Stellplätze
Geöffnet Mai–Sept.

Camping Zaka
Ruhige Anlage in einer Talmulde am Westufer des Bleder Sees mit Tennisplatz und Fahrradverleih.
Kidričeva 10a
Tel. 0 64/74 11 33, Fax 74 10 17
450 Stellplätze
Geöffnet April–Mitte Okt.

Spaziergang

Der Spaziergang führt rund um den Bleder See und endet mit einem Bootsausflug zur Marieninsel. Startpunkt ist die Bootsanlegestelle unterhalb des Parkhotels. Sie gehen rechts am Ufer entlang, passieren den **Kurpark** und kommen kurz darauf zum **Strandbad** unterhalb des Schlosses, wo sich der Weg mit der Kidričeva Cesta vereint. Am Seeufer liegen die **Villen Rog** und **Zlatorog**, im Ortsteil Zaka erreichen Sie das Ruderzentrum mit Bootshaus, Tennisplätzen und Gartenlokal. 20 Minuten bleiben Sie nun auf schattiger Straße, bevor sich der Fußweg wieder von der Straße trennt und unterhalb der **Vila Bled** am See weiterführt. Am Gasthaus Mlino mündet er in die Uferstraße Cesta Svobode, kurz darauf erblicken Sie zur Rechten den **Skulpturenpark des Künstlers Svetina**. Vorbei am Grand Hotel Toplice kehren Sie zum Ausgangspunkt zurück. Das Beste heben Sie sich auf für zuletzt: Von der Bootsanlegestelle am Parkhotel lassen Sie sich auf einem hölzernen Pletnja-

DER BESONDERE TIP

Nächtigen in Titos Schlafgemach Die ehemalige Sommerresidenz der österreichischen Fürstenfamilie Windisch-Grätz liegt in einem Park am Ufer des Bleder Sees. 1947 ließ Tito die Villa im Stil der Neuen Sachlichkeit umgestalten, empfing hier Staatsgäste aus der blockfreien Dritten Welt, darunter Nehru und Nasser. Seit 1987 ist die Vila Bled der Vereinigung Relais & Chateaux angeschlossen. Das Hotel verfügt über Tennisplätze und ein hauseigenes Strandbad; in den Sommermonaten öffnet das Café Belvedere in einem vom Architekten Plečnik geschaffenen Pavillon. Vila Bled, Cesta Svobode 26, Tel. 0 64/79 15, Fax 74 13 20, 32 Zimmer und Appartements, Luxusklasse (Amex, DC, EC, Visa)

Boot zur **Marieninsel** übersetzen und besuchen die Wallfahrtskirche. Statt der stilvollen, überdachten Gondeln können Sie auch ein Ruder- oder Motorboot mieten.
Dauer: 2 1/2 Stunden, Abstecher zur Marieninsel weitere 1 1/2 Stunden

Sehenswertes

Burg Bled/Blejski Grad
Schon fast 1000 Jahre thront die Burg auf einer Felsklippe über dem See, beherrscht die Stadtansicht von Bled. Von der Aussichtsterrasse bietet sich ein phantastischer Ausblick auf den Bleder See und die Gipfel der Julischen Alpen. Die ehemalige Residenz der Bischöfe von Brixen ist heute ein Museum, in dem Funde aus altslawischen Grabstätten zu sehen sind; daneben Stilmöbel und Gemälde aus verschiedenen Epochen. Die Burgkapelle birgt mittelalterliche Gemälde mit Darstellungen des Kaisers Heinrich II. und seiner Gemahlin Kunigunde.
Museum tgl. 8–19 Uhr

Marieninsel/Otok Sv. Marija
Archäologische Funde belegen, daß sich auf der Insel im 8. Jh. ein Tempel der Gött Žiniva befand, einer altslawischen Aphrodite. Im 9. Jh. errichteten die Christen an seiner Stelle eine Kapelle, die sie gleichfalls einer weiblichen Kultfigur widmeten, der Jungfrau Maria. Bis heute ist die Insel ein beliebter Wallfahrtsort. Fast 100 Steinstufen führen zur Kirche hinauf, deren Innenraum einen prächtigen Barockaltar sowie altslawische Gräber birgt. Der Kirchturm eröffnet einen schönen Blick über den See, die Wunschglocke (1534) bringt laut Legende frischverliebten Paaren Glück. In der ehemaligen Probstei sowie in der Kaplanei wurden Ausflugslokale eingerichtet.

Martinskirche/Cerkev Sv. Martin
Neugotische, 1904 vom Wiener Architekten Baron Schmidt entworfene Kirche mit interessanten Fresken und Marmorplastiken. Die erhaltenen alten Mauern stammen aus dem 16. Jh., als das befestigte Gotteshaus der Dorfbevölkerung Schutz vor türkischen Überfällen bot. Das Denkmal unterhalb der Kirche zeigt den slowenischen Nationaldichter France Prešeren, der in seinem Werk »Taufe an der Savica Bleder« Legenden literarisch verarbeitete.

Schloß Grimschitz/Grad Grimšice
Ehemalige Residenz des Freiherrn Grimschitz 2 km nordwestlich vom Ortskern. Im 16. Jh. wurde das Schloß im Stil der Renaissance umgestaltet, letzte Renovierungen stammen aus dem 19. Jh. Verkaufsausstellung von Wollprodukten, handgestrickten Unikaten aus der Gegend um Bled.

Straža
Einen der schönsten Ausblicke auf den Bleder See und die Julischen Alpen bietet der 646 m hohe Berg Straža. Er ist erreichbar mit Sessellift, aber auch Zielpunkt einer Fitneß-Promenade, die im Stadtkern beginnt und über Wiesen- und Waldwege aufwärts führt. Sie ist nach dem Schweizer Arzt Arnold Rikli benannt, der Mitte des 19. Jh. den Bleder Kurtourismus begründete.

Vintgar-Klamm
Die attraktive, 1600 m lange Schlucht befindet sich 4,5 km nordöstlich von Bled. Auf einem Holzsteg queren Sie mehrmals Fluß und Teich, bevor der Weg an einem Wasserfall endet (erreichbar über Podhom).

Museen und Galerien

Burgmuseum
Das Museum im Südflügel der Burg illustriert die Geschichte Bleds von der Bronzezeit bis ins 19. Jh., ausgestellt werden auch Waffen und altslawischer Schmuck.
Muzej na gradu
Grajska 25
Tgl. 9–18 Uhr

Galerie Svetina
Ausstellung in Mlino mit Skulpturen aus Stahl, alten Waffen und Kanonensplittern. Der Bildhauer Svetina ist auch bekannt für seine Antikriegsromane.
Cesta Svobode 39
Atelier: Mlinska 10

TNP
Naturkundliche Ausstellung im Haus der Direktion des Nationalparks.
Kidričeva 2
Mo-Fr 8–15 Uhr

Essen und Trinken

Blejski Grad
Elegantes Restaurant in der Bleder Burg, von der man einen herrlichen Ausblick über den See und die Alpen genießt.
Blejski grad
Tel. 0 64/74 12 30
Mittlere Preisklasse (Amex, DC, EC, Visa)

Mlino
Gaststätte mit Sommerterrasse am Bleder See, 1,5 km vom Ortszentrum entfernt, Spezialität des Hauses ist Fisch.
Cesta Svobode 45
Tel. 0 64/74 14 04, Fax 74 10 21
Mittlere Preisklasse (Amex, DC, EC, Visa)

Okarina
Beliebtes Lokal in einem alten Bauernhaus. Mit Salatbar und reicher Auswahl an internationalen, auch vegetarischen Speisen. Zugleich Galerie und Künstlertreff, an Festtagen erklingt Live-Musik.
Riklijeva 9
Tel. 0 64/74 14 58
Mittlere Preisklasse (Amex, DC, EC, Visa)

Otok
Gemütliches Ausflugslokal auf der Wallfahrtsinsel.
Otok Sv. Marija
Tel. 0 64/7 8 20
Mittlere Preisklasse

Panorama
Edelrestaurant im Grand Hotel Toplice mit herrlicher Aussicht.
Cesta Svobode 12
Tel. 0 64/79 10, Fax 74 18 41
Obere Preisklasse (Amex, DC, EC, Visa)

Pri Jožovcu
Rustikales Restaurant unweit des Schlosses Katzenstein (8 km östlich von Bled). Es wird geführt vom Sohn Slavko Avseniks, des Gründers des bekannten Oberkrainer Volksmusikensembles. Häufig lädt er Nachwuchsmusiker ein, die im Garten aufspielen.
Begunje 21
64275 Begunje
Tel. 0 64/73 34 02
Mo geschl.
Mittlere Preisklasse

Pri Planincu
Traditionsreiche Gaststätte mit großer Auswahl einheimischer Speisen und Getränke.
Grajska 8
Tel. 0 64/74 16 13
Untere Preisklasse

Einkaufen

Butik Grimšče
Handgestrickte Unikate aus Bleder Wolle im Schloß Grmšče 2 km nordwestlich Bled.
Koroška 11

Pristava
Einkaufspassage in einer burgähnlichen Anlage nahe der Villa Bled: mit Boutiquen und Sportgeschäften.
Cesta svobode 22

Am Abend

Zum Tagesausklang Live-Musik in einem der zahlreichen Hotels und Diskotheken oder ein Besuch im Casino. Freunde klassischer Musik treffen sich zu Konzerten auf der Burg und auf der Wallfahrtsinsel (meist freitags).

Casino
Französisches und amerikanisches Roulette, Black Jack, Poker und einarmige Banditen: Das Casino liegt direkt im Zentrum, gegenüber vom Parkhotel. Kein Krawattenzwang!
Cesta svobode 15
Tel. 0 64/74 11 50

Service

Auskunft

Turistično društvo
U. a. Privatzimmervermittlung. Hier erhält man auch die Erlaubnis zum Angeln, kann Geld wechseln und Souvenirs erstehen.
Cesta Svobode 15
Tel. 0 64/74 11 22, Fax 74 15 55

Reisebüro Kompas Bled (mit Autovermietung Hertz)
Ljubljanska 7
Tel./Fax 0 64/74 15 19

Der Triglav-Nationalpark ist einer der ältesten Nationalparks Europas

Reisebüro Globtour (mit Autovermietung Budget rent a car)
Ljubljanska cesta 7
Tel. 0 64/74 18 21, Fax 7 81 85

Bootsausflug
Die Kircheninsel ist mit Pletna-, Ruder- und Elektro-Booten erreichbar; Startpunkte sind Parkhotel, Kurpark, Ruderzentrum und Pension Mlino.

Kutschenfahrt
An der Cesta svobode, gegenüber dem Festspielsaal, starten Kutschen zu Fahrten rund um den See, zur Burg und nach Bohinj.

Sportfliegen
Rundflüge über Bled und den Triglav-Nationalpark mit Motor- und Segelflugzeugen.
Alpski Letalski Center Bled
Begunjska cesta 10
Tel. 0 64/73 34 31, Fax 73 38 82

Ausflugsziele

Bohinjsko Jezero/ Wocheiner See ■ B 2

Größter See Sloweniens, 30 km südwestlich von Bled. Smaragdgrün und glasklar breitet er sich im gleichnamigen Tal aus, wird von 2000 m hohen Bergen eingerahmt. Er liegt mitten im Triglav-Nationalpark, konnte deshalb seinen wild-ursprünglichen Charakter bewahren. Nur ein Gebäude steht an seinem Ufer: die gotische Johanniskirche mit herrlichen mittelalterlichen Fresken. Alle Hotels und Pensionen wurden abseits des Sees angesiedelt.

Der Gebirgssee eignet sich für alle Arten von Wassersport. Zugleich ist Bohinj ein beliebter Ausgangspunkt für Wandertouren durch den Nationalpark. Naturfreunde wandern zum **Savica-Wasserfall** und von dort weiter ins Tal der sieben Seen und zum Triglav. Einen herrlichen Ausblick genießt man vom Berg **Vogel** (1922 m), der auch mit Seilbahn erreichbar ist. Die Talstation befindet sich in **Ukanc**, wird im Winter von zahlreichen Skifahrern belagert.

Hotels und andere Unterkünfte

Bellevue
Älteres Hotel in Hügellage mit eigenem Tennisplatz. Der Name löst ein, was er verspricht: Fast alle Zimmer des Haupttrakts haben einen Balkon mit schöner Aussicht über den See und auf die Bergwelt.
Ribžev Laz 65
4265 Bohinjsko Jezero
Tel. 0 64/72 33 31, Fax 72 34 46
59 Zimmer
Mittlere Preisklasse (Amex, DC, EC, Visa)

Jezero
Unweit der Johanniskirche am Ostende des Sees. Es wurde kürzlich renoviert und erweitert, verfügt über Minigolfplatz und Hallenbad.
Ribžev Laz 51
Tel./Fax 0 64/72 33 75
50 Zimmer, 3 Appartements
Obere Preisklasse (Amex, DC, EC, Visa)

Pod Voglom
Älteres Hotel an der Südseite des Sees. Vom neueren Nebengebäude, der Dependance Rodica, ist es durch eine Sommerterrasse getrennt. Eine Sportkletterschule ist ans Hotel angeschlossen, Boots- und Radverleih.
Ribžev Laz 60
Tel. 0 64/72 34 61, Fax 72 34 46
49 Zimmer
Mittlere Preisklasse (Amex, DC, EC, Visa)

Stare
Freundliche Pension im Ortsteil Ukanc nahe dem Hotel Zlatorog. Von den Balkons hat man Seeblick, Haustiere sind erlaubt.
Ukanc 128
Tel. 0 64/72 34 03, Fax 72 32 54
9 Zimmer
Untere Preisklasse

Zlatorog
Komfortables Hotel im Ortsteil Ukanc: 200 m vom westlichen Seeufer entfernt und nahe der Talstation der Vogelseilbahn. Sport- und Tennisanlagen sowie ein Hallenbad mit schöner Aussicht auf die Bergwelt. Gespeist wird im Gartenrestaurant oder in der Taverne; Spezialitäten: Wildbret und Bohinj-Forelle.
Ukanc 65
Tel. 0 64/72 33 81, Fax 72 33 84
43 Zimmer
Mittlere Preisklasse (Amex, DC, EC, Visa)

Spektakulär fällt die Savica über steile Felsen in ein türkisgrünes Becken

Camping Zlatorog
Anlage am Wegufer des Sees. Alle Einrichtungen im 200 m entfernten Hotel dürfen mitbenutzt werden.
Autocamp Zlatorog
Ukanc 2
Tel. 0 64/72 34 82, Fax 72 34 46
100 Stellplätze
Geöffnet Mitte Mai–Ende Sept.

Essen und Trinken

Mihovc
Beliebte Dorfkneipe im Zentrum von Stara Fužina, nahe dem Museum und dem einstigen Sägewerk. Zu Leierkastenklängen gibt es hausgemachte Wurstspezialitäten, Bohinjer Käse und Quark.
Stara Fužina 118
Tel. 0 64/72 33 90
Mittlere Preisklasse

Rupa
Slowenische Kost vom Besten: Zu den Spezialitäten der Gaststätte zählen frische Forelle, gegrilltes Spanferkel und Buchweizenknödel.
Srednja vas 89
Tel. 0 64/72 34 01
Untere Preisklasse

Zoisov grad
Gemütliche Gaststätte im ehemaligen Schloß des Barons Žiga Zois. Internationale Speisen und Fischgerichte. Mit Pension (72 Betten).
Grajska 14
Bohinjska Bistrica
Tel. 0 64/72 16 86
Mittlere Preisklasse

Service

Auskunft

Turistično društvo
Ribčev Laz 48
4265 Bohinjsko Jezero
Tel. 0 64/72 33 70, Fax 72 33 30

Bovec/Flitsch/Plezzo ■ A 2

Malerischer Ort im Soča-Tal, 84 km westlich von Bled. Bovec ist Sportlertreff zu allen Jahreszeiten. Kajakfahrer treffen sich am Hotel Alp. Wanderer, die überwiegend im Herbst nach Bovec kommen, nutzen den Ort als Ausgangspunkt für Touren in den Triglav-Nationalpark. Mit einer Gondelbahn gelangt man zum 2587 m hohen **Kanin**, von dessen Gipfel sich ein weites Panorama über die italienischen und slowenischen Alpen bietet. Auf den umliegenden Hängen hat sich das neben Kranjska Gora wichtigste Wintersportzentrum Sloweniens etabliert.

Von Bovec lohnt ein Abstecher durch das steilwandige Korotnica-Tal zum Predil-Paß, von dort weiter zum Gipfel des **Mangart** (2678 m). In **Trenta** kann ein Naturkunde- und Ethnographiemuseum besichtigt werden, 4 km nördlich ein Botanischer Garten.

Hotels und andere Unterkünfte

Alp
Im Ortszentrum gelegenes Hotel, die abendlichen Discoklänge erschweren das Einschlafen. Pluspunkt: Die Gäste dürfen alle Serviceleistungen des Hotels Kanin in Anspruch nehmen. Mit angeschlossener Touristeninformation.
Trg golobarskih Žrtev 48
5230 Bovec
Tel. 0 65/8 60 40, Fax 8 60 81
105 Zimmer
Obere Preisklasse (Amex, DC, EC, Visa)

Kanin
Renoviertes, an der Straße nach Čezsoča gelegenes Hotel mit Hallenbad, Billard und Tennis.

Ledina 9
Tel. 065/86021, Fax 86081
121 Zimmer, 4 Appartements
Obere Preisklasse (Amex, DC, EC, Visa)

Kaninska Vas
Appartementanlage für Gruppen von 2–6 Personen, einige Wohnungen mit Balkon und Garten. Auf dem Weg zur Seilbahnstation, 500 m nordwestlich des Ortskerns.
Kaninska Vas 1
Tel. 065/86043, Fax 86081
50 Appartements
Mittlere Preisklasse (Amex, DC, EC, Visa)

Camping Polovnik
1,2 ha großer Platz auf ebenem Wiesengelände an der Straße nach Čezsoča.
Tel. 065/86069
149 Stellplätze
Geöffnet Mai–Mitte Okt.

Essen und Trinken

Martinov hram
An der Hauptstraße gelegenes Restaurant, in dem man in lockerem Ambiente ausgefallene Lokalspezialitäten kosten kann, z. B. Pellkartoffeln mit Schafskäse, gegrillte Steinpilze und Soča-Forelle.
Trg golobarskih Žrtev 27
Tel. 065/86214
Mi und Do geschl.
Mittlere Preisklasse

Kobarid/Caporetto/Karfreit ■ A2

Attraktive Kleinstadt am Soča-Fluß, der hier bereits etwas träger dahinfließt und deshalb vornehmlich Kanuten anlockt. 1917 machte Kobarid Weltgeschichte, als es österreichischen Truppen gelang, im ersten Blitzkrieg der Geschichte die erstarrte Isonzofront aufzubrechen und die Italiener an die Piave zurückzudrängen. Im Museum, einem

An die größte Gebirgsschlacht aller Zeiten erinnert das Museum in Kobarid

Adelshaus aus dem 18. Jh. (Gregorčičeva 10, tgl. 9–18 Uhr), wird an die Ereignisse jenes Jahres erinnert: Besonders anschaulich ist die Tonbildvorführung, eine Rekonstruktion der entscheidenden Schlacht. Ernest Hemingway, dessen Porträt das Treppenhaus schmückt, lebte 1917 in Kobarid und arbeitete als freiwilliger Helfer im italienischen Sanitätsdienst (→ Lesetip, S. 10).

Übernachtung/Essen und Trinken

Topli val
Ausgezeichnetes Fischrestaurant mit rustikalem Ambiente. In dem traditionellen Bauernhof mit gepflegter, blumengeschmückter Fassade kann man auch gut übernachten.
Gregorčičeva 1
5222 Kobarid
Tel. 0 65/8 50 71
Restaurant Do geschl.
6 Zimmer
Mittlere Preisklasse

Kranjska Gora/ Kronau

■ A 2/B 2

Sloweniens wichtigstes Wintersportzentrum, 40 km nordwestlich von Bled. Die Stadt liegt im langgestreckten Tal der Sava Dolinka, umschlossen vom Karawankenmassiv und den Julischen Alpen. Durch den Bau zahlreicher Hotels hat sie an ästhetischem Reiz verloren, der alte Ortskern mit Kirche und **Liznjek-Haus** bleibt jedoch sehenswert. Letzteres, im typischen Alpinstil erbaut, vermittelt einen Eindruck davon, wie Häuser reicher Großbauern dereinst ausgesehen haben (Liznjekova hiša, Di–So 10–17 Uhr). Ein Sessellift führt 700 m aufwärts, von der oberen Station erreichen Sie die Gipfel der Berge **Vitranc** und **Ciprnik** mit herrlichem Blick auf die Karawanken. Kranjska Gora bemüht sich darum, zum Austragungsort der Olympischen Winterspiele im Jahr 2002 erwählt zu werden. Doch auch im Sommer kommen Besucher gern in diese Stadt, angelockt von Wäldern und blühenden Wiesen, die zum Wandern verlocken. Auf gutmarkierten Wegen starten sie zu ausgedehnten Touren, z. B. zur smaragdgrünen Sava-Quelle nahe Rateče und ins malerische Dorf **Gozd Martuljek** via Srednji Vrh.

Hotels und andere Unterkünfte

Kompas
Bestes Hotel der Stadt mit sportlich-lockerer Atmosphäre. Das rustikale Hotel verfügt über Hallenbad, Sauna und Tennisplätze.
Borovška 100
4280 Kranjska Gora
Tel. 0 64/88 16 61, Fax 88 11 76
151 Zimmer, 5 Appartements
Mittlere Preisklasse (Amex, DC, EC, Visa)

Špik
Im Alpinstil erbautes Hotel im malerischen Gozd Martuljek, 3 km östlich von Kranjska Gora. Mit Freibad, Sauna und Fitneßraum sowie einer hoteleigenen Kletter- und Skischule. Umfangreiches Angebot an Sportaktivitäten: organisierte Touren zu Fuß, per Rad, per Bus und mit Kajak.
Jezerci 21
4282 Gozd Martuljek
Tel. 0 64/88 01 28, Fax 88 01 15
94 Zimmer
Mittlere Preisklasse (EC, Visa, Amex)

Camping Špik
Rasenplatz nahe dem Hotel Špik am linken Ufer der Sava Dolinka, mit weitem Blick auf die Berggruppe von Martuljek und Špik. Die Anlage verfügt über drei Tennisplätze und ein Freibad, neuerdings auch über einen Kinderspielplatz. Kajaks und Mountainbikes können ausgeliehen werden.
Jezerci 21
4282 Gozd Martuljek
Tel. 0 64/88 01 20, Fax 88 01 15
250 Stellplätze
Ganzjährig geöffnet
Untere Preisklasse (EC, Visa, Amex)

Service

Auskunft

Turistično društvo
Tičarjeva 2
4280 Kranjska Gora
Tel. 0 64/88 17 68, Fax 88 11 25

Kropa/Kropp ■ B 2

Lebendiges Museumsdorf 18 km südöstlich von Bled. Behäbige alte Häuser schmiegen sich an die steilen Hänge des Jelovica, vor ihnen schäumt rasend schnell die Kropanica. Viele eiserne Verzierungen verraten, daß hier das Schmiedehandwerk täglich Brot der Bevölkerung war. Ein interessantes kleines Museum informiert über die Welt des Bergbaus vom Mittelalter bis zur Gegenwart.
Kovaški muzej (mit Gaststätte)
Kropa 10
Di–So 10–13 und 15–18 Uhr

Radovljica ■ B 2

Malerischer Ort 6 km südöstlich von Bled. In der Altstadt scheint die Zeit im 16. Jh. stehengeblieben zu sein: Rund um den Marktplatz gruppieren sich Renaissance-Bürgerhäuser, die auf früheren Wohlstand schließen lassen. Das Barockschloß **Thurnov Grad** birgt ein einzigartiges **Imkereimuseum**, in dem traditionelles Handwerkszeug und heilende Bienenprodukte ausgestellt werden. Glanzstück der Sammlung sind die Bienenstockbrettchen, die den Eingangsspalt der Stöcke schmückten: Meisterwerke naiver Miniaturmalerei, die Szenen aus dem bäuerlichen Leben illustrieren (Čebelarski muzej, Linhartov trg 1, Di–So 10–13 und 16–18 Uhr).

Hotel

Grad Podvin
Von einem Park abgeschirmtes Hotelschloß im Ortsteil Mošnje. Mit komfortablen Räumen und stilvollem, preisgekröntem Restaurant. Zum Schloß gehören vier Tennisplätze und ein Reiterhof, ein Swimmingpool und eine Minigolfanlage.
Mošnje 1
4240 Radovljica
Tel. 0 64/73 88 81, Fax 73 88 85
30 Zimmer und 2 Appartements
Mittlere Preisklasse (EC, Visa, Amex)

Tolmin ■ A 2/A 3

Kultur- und Wirtschaftszentrum des Oberen Soča-Tals, 85 km südwestlich von Bled. Die Altstadt liegt unterhalb des Burghügels **Kozlov rob** (428 m), in der vom 11. bis zum 14. Jh. die Patriarchen von Aquileia residierten. Im Sommer 1319 war bei ihnen der berühmte italienische Dichter Dante Alighieri zu Gast. Die 2 km nördlich des Ortes gelegene Höhle ist nach ihm benannt und kann mit einem Führer besichtigt werden. Von der **Teufelsbrücke** bietet sich ein wilder Ausblick in die tiefe **Tolkminka-Klamm**.

Hauptstadt der jungen Republik, überschaubar und vital. Sie ist von Barock und Jugendstil geprägt, verströmt habsburgischen und südländischen Charme.

Ljubljana/ Laibach

■ C3

Die Slowenen gaben ihrer Hauptstadt den Namen Ljubljana – und auch der Fluß, der die Stadt durchschneidet, trägt den Namen Ljubljanica. Darin ist das Wort **ljubezen** eingewoben, das übersetzt Liebe bedeutet. In der von Autos weitgehend befreiten Altstadt geht es gemütlich zu. Hier läßt es sich mußevoll schlendern, der Blick fällt auf pastellfarbene Häuser und verspielte Brücken. An säulengeschmückten Marktständen aus weißem Stein verkaufen Bauern frisches Obst und Gemüse. Aus Habsburger Zeit stammen die Burg sowie prachtvolle Barock- und Jugendstilpaläste, dazwischen eröffnen sich immer wieder kleine Plätze und Grünanlagen mit Bars und Terrassencafés. Die unauffällige Eleganz vieler Plätze und Straßen verdankt sich dem slowenischen Stararchitekten **Jože Plečnik**, der die österreichische Provinzstadt in eine mitteleuropäische Metropole verwandelte.

Jugendstil und Barock gehen eine harmonische Verbindung ein

Stadt der Künste

Schon im Barock war Laibach mit seinen zahlreichen Akademien, Werkstätten und Schulen ein kulturelles Zentrum, das weit über die Grenzen Sloweniens hinaus wirkte. Hier entstand 1701 die älteste Philharmonie der Welt, der u. a. Haydn und Beethoven, Brahms und Mahler angehörten. Heute verfügt Ljubljana über zahlreiche Museen und Galerien, Theater und Akademien, Musikclubs und eine bereits 1595 gegründete Universität (1919 wiedereröffnet).

Nirgends kann man auf so kleinem Raum so viele künstlerisch ambitionierte Menschen treffen: Maler und Bildhauer, Regisseure und Schriftsteller. In Deutschland bekannt wurden vor allem die Rockband Laibach, die aus Provokation am liebsten in deutschen Uniformen auftritt, und die Avantgardegruppe Neue Slowenische Kunst, die auf verstörende Art den Kulturbetrieb aufzuwirbeln sucht.

Emona, Julia Aemona, Laibach, Ljubljana

Ljubljana liegt in einer großen Talsenke, dem natürlichen Durchgang zwischen Alpen, Adria und Pannonien. Schon vor 3000 Jahren kreuzten sich hier Handels- und Verkehrswege, wovon bereits die antike Argonautensage zu berichten weiß. Die ersten Bewohner lebten in Pfahlbauten auf sumpfigem Terrain. Ihnen folgten erst die Illyrer, dann die Kelten, die ihre Siedlung am Fuß des Burghügels Emona tauften. Ljubljana ist eine der ältesten Siedlungen des Landes. Ab dem 1. Jahrhundert n. Chr. schritten römische Kaiser über die Straßen der Stadt, die damals Julia Aemona hieß. An die Römer erinnert das rechteckig angeordnete Straßennetz westlich der Ljubljanica, das dem antiken Ideal der Symmetrie entsprach. Ende des 5. Jahrhunderts wurde die Stadt von Truppen des Hunnenkönigs Attila in Schutt und Asche gelegt, erst im 12. Jahrhundert tauchte sie wieder aus der geschichtlichen Versenkung auf. Leybach oder auch Luwigana wurde sie genannt, war bewohnt von slawischen Einwanderern und beherrscht von deutschen Feudalherren aus Kärnten und Krain. Von 1335 bis 1918 war sie in habsburgischem Besitz – eine Ausnahme bildeten die Jahre napoleonischer Besetzung (1809–1813), als Laibach zur Hauptstadt der Illyrischen Provinzen aufrückte. Nach dem Ersten Weltkrieg erhielt die Stadt den slowenischen Namen Ljubljana und wurde Teil des Königreichs der Serben, Kroaten und Slowenen. 1945 wurde sie Hauptstadt Sloweniens, einer der sechs jugoslawischen Teilrepubliken. Seit 1991 ist sie mit 272 000 Einwohnern administratives, wirtschaftliches und kulturelles Zentrum eines neuen, souveränen Staates. Bei knapp zwei Millionen Einwohnern in ganz Slowenien leben damit ein knappes Sechstel allein in der Hauptstadt.

Hotels und andere Unterkünfte

Austrotel ■ d2
Vierstöckiges, knapp nördlich der Altstadt gelegenes Komforthotel mit Casino und ausgezeichnetem Steak-Restaurant. Die zur lauten Straße weisenden Zimmer möglichst meiden!
Miklošičeva 9
Tel. 0 61/1 32 61 33, Fax 30 11 81
57 Zimmer und 5 Appartements
Luxusklasse (Amex, DC, EC, Visa)

Grand Hotel Union ■ d3
Stilvolles, um die Jahrhundertwende erbautes Hotel mit schönem Café und Gartenrestaurant.
Miklošičeva 1
Tel. 0 61/1 25 41 33, Fax 21 79 10
254 Zimmer und 6 Appartements
Obere Preisklasse (EC, Visa, Amex)

Holiday Inn ■ d3
Eines der wenigen Hotels in Slowenien mit Klimaanlage, dazu Hallenbad, Sauna und Fitneß-Zentrum. Das Komforthotel ist zentral gelegen, die Preise sind überteuert. Für maximal 100 Autos bestehen Parkmöglichkeiten im Kellergeschoß.
Miklošičeva 3
Tel. 0 61/1 25 50 51, Fax 1 25 03 23
133 Zimmer
Luxusklasse (EC, Visa, Amex)

Lev ■ c2
Zentral gelegenes, vollständig renoviertes Hotel der Kette Intercontinental. Mit Cocktailbar und einem Panorama-Restaurant im 12. Stock.
Vošnjakova 1
Tel. 0 61/31 67 47, Fax 32 19 94
147 Zimmer, 64 Suiten
Obere Preisklasse (Amex, DC, EC, Visa)

Lieber
Ruhig gelegene Pension 12 km nordwestlich von Ljubljana in schöner landschaftlicher Umgebung. Restaurant mit sehr guter slowenischer Kost.
Gameljne 32 e
1211 Ljubljana – Šmartno pod Šmarna gora
Tel. 0 61/37 40 80, Fax 37 28 62
22 Betten
Mittlere Preisklasse (EC)

Park
Zwölfstöckiges Hochhaus, äußerlich wenig attraktiv, dafür zentral und vergleichsweise preiswert; es gibt Zimmer mit und ohne Dusche, Studenten erhalten 20% Rabatt.
Tabor 9
Tel. 0 61/1 33 13 06, Fax 32 13 98
122 Zimmer
Mittlere Preisklasse (Amex, DC, EC, Visa)

Die Ljubljanica durchzieht den Stadtkern

Pri Mraku ■ b 6
Gästehaus im Universitätsviertel, unweit des ehemaligen Klosters Križanke. Mit angenehmem Ambiente, doch die Zimmer sind leider etwas klein geraten.
Rimska 4
Tel. 0 61/22 34 12, Fax 30 11 97
30 Zimmer, 60 Betten
Mittlere Preisklasse (Amex, DC, EC, Visa)

Slon ■ c 3
1995 renoviertes, traditionsreiches Dreisternehotel im Stadtzentrum. Die ruhigen Zimmer liegen zur Ostseite, eine Etage ist für Nichtraucher reserviert. Ans Hotel sind zwei Restaurants angeschlossen, eines spezialisiert auf slowenische, eines auf italienische Küche. Im Erdgeschoß ein quirliges Bistro.
Slovenska 34
Tel. 0 61/1 70 11 00, Fax 21 71 64
171 Zimmer
Obere Preisklasse (Amex, DC, EC, Visa)

Super Li Bellevue
Zwar nicht super, aber doch belle vue: Das Hotel liegt auf einer Anhöhe am Tivoli-Park, von den geräumigen und gemütlichen Zimmern hat man einen weiten Blick auf Ljubljana. Gutes Restaurant mit internationaler Kost.
Pod Gozdom 12
Tel. 0 61/1 33 40 49, Fax 30 11 97
15 Zimmer
Mittlere Preisklasse

Turist ■ e 3
Schlichtes modernisiertes Hotel in zentraler Lage. Umfangreiches Frühstücksbüffet.
Dalmatinova 15
Tel. 0 61/1 32 23 43, Fax 31 92 91
190 Zimmer
Mittlere Preisklasse (Amex, DC, EC, Visa)

Jugendherberge Dijaški Dom Tabor
Unweit des Zug- und Busbahnhofs, nur im Juli und August geöffnet.
Vidovdanska 7
Tel. 0 61/32 10 67, Fax 32 10 60
59 Betten

Camping Ježica
Teilweise schattige Anlage an der Ljubljanica. Sie liegt am Nordrand der Stadt (Bus 6 ab Slovenska cesta), verfügt über gute sanitäre Anlagen und Schwimmbad. Nahebei ein Tennisplatz und die Reitschule Stožice. Der Slowenische Alpenverein organisiert Wanderungen und Fahrradausflüge.
Dunajska 260a
Tel./Fax 37 13 82, 31 36 49
Ganzjährig geöffnet
300 Stellplätze
Untere Preisklasse (EC, Amex)

Spaziergang

TopTen 4

Eingangstor zur Altstadt ist der **Prešeren-Platz**. Über die Dreibrückenanlage gelangen Sie links zum **Pogačar-Platz** mit einer Reihe wichtiger Gebäude. Sie erblicken Kathedrale, Bischofspalast und Priesterseminar sowie die eleganten Markthallen am Flußufer. Über eine schmale Gasse erreichen Sie den geschäftigen **Vodnik-Platz**, an dem Obst und Gemüse feilgeboten werden. Die steile Študentovska-Gasse führt Sie zum Burghügel hinauf; an der Gabelung halten Sie sich rechts und erreichen bald darauf den **Burgturm**, von dem sich ein herrlicher Ausblick auf das Häusermeer von Ljubljana eröffnet. Der Katzensteig (Mačja steza) und die Na-Grad-Straße geleiten Sie zur Altstadt zurück. Nach einer Verschnaufpause im Schatten der **Florianskirche** spazieren Sie über die langgestreckten Plätze Stari

Aus der späten k.u.k. Zeit stammen prachtvolle Jugendstilhäuser in der Altstadt

und Mestni trg zum **Rathaus** – vorbei an zahlreichen Straßencafés, Bars und Boutiquen.

Wollen Sie einen längeren Bummel unternehmen, gehen Sie an der malerischen Uferpromenade **Cankarjevo nabrežje** zur Schusterbrücke und queren die Ljubljanica. Am Flußufer entlang gelangen Sie ins **Križanke-Viertel**, das im Mittelalter den Rittern des Deutschen Ordens gehörte. Heute finden hier während der Sommermonate Theater- und Konzertaufführungen statt. Über den Platz der Französischen Revolution erreichen Sie den begrünten **Kongreßplatz** mit Universität, Philharmonie und Ursulinenkirche. Westlich schließt sich der **Platz der Republik** an, mit Kultur- und Kongreßzentrum, Universitätsbibliothek und Parlament das kulturelle und administrative Zentrum von Ljubljana. Am National- und Kunstmuseum vorbei erreichen Sie den schön angelegten **Park Tivoli** mit dem gleichnamigen Schloß.
Dauer: 2 Stunden

Sehenswertes

Bischofspalast/Škofijski dvorec ■ d 4
Sitz des slowenischen Metropoliten, früher auch Residenz weltlicher Herrscher. Der Renaissancepalast wurde im 18. Jh. barockisiert und verfügt über einen schönen dreigeschossigen Arkadenhof.

Burg/Grad Ljubljanski ■ e 5
»Slowenische Akropolis« wird das Wahrzeichen von Ljubljana genannt. Schon zu Zeiten der Illyrer und Kelten war der Burghügel besiedelt, die Römer bauten hier ein Kastell. Ihr heutiges Aussehen erhielt die Burg im frühen 16. Jh. Führungen durch die renovierten Gebäudeflügel, Burgkapelle und Turm finden mehrmals täglich statt. Mit archäologischem und historischem Museum. Di, Do und So 11–18, Mi und Fr 13–18 Uhr, Sa und Mo geschl.

Dom/Stolnica ■ e 4
Eine ursprünglich romanische Kirche, zu Beginn des 18. Jh. im Stil des italienischen Barock erneuert und mit Fresken Giulio Quaglios ausgeschmückt. Die **Bibliothek** im

Der Besondere Tip

Samstagvormittag auf dem Pogačar-Platz Ljubljana besitzt südländisches Flair: Sobald sich auch nur ein Sonnenstrahl am Himmel zeigt, treibt es die Bewohner ins Freie. Besonders lebhaft geht es am Samstagvormittag auf dem Pogačar-Platz zu. Alt und jung schlendern an den Kolonnaden entlang, kosten Tintenfischringe im Bistro und Štrekli beim Bäcker. Auf dem Marktplatz kaufen sie Pršut-Schinken und Schafskäse für das anschließende Picknick, dazu knackiges Obst von den Bauern der Krain. ■ d 4/e 4

benachbarten Priesterseminar enthält wertvolle Handschriften und Wiegendrucke. Man betritt das Gebäude durch ein von zwei Herkulessäulen geschmücktes Portal, die Besichtigung erfolgt auf Anfrage beim Portier (14–17 Uhr).

Levstik-Platz/Levstikov trg ■ d 6
Bedeutender, von Plečnik gestalteter Platz am Fuß des Burghügels mit barocker Jakobuskirche (17. Jh.) und Gruber-Rokokopalais (18. Jh.). Die Mariensäule wurde im 17. Jh. zum Dank dafür aufgestellt, daß Ljubljana von den Türken verschont wurde.

Prešeren-Platz/Prešernov trg ■ d 4
Zentraler Platz von Ljubljana, benannt nach France Prešeren (1800–1849), dem bedeutendsten Dichter Sloweniens. Mit einem Denkmal, barocker Franziskanerkirche, Jugendstilhäusern und eleganter, fächerförmig gespannter Dreibrückenanlage von Jože Plečnik.

Rathaus/Mestna hiša ■ d 4/d 5
Das gotische, 1718 barockisierte Gebäude birgt zahlreiche barocke Skulpturen. Ein Meisterwerk von Francesco Robba ist der vor dem Rathaus postierte Brunnen, der die Krainer Flüsse Sava, Krka und Ljubljanica symbolisiert.

Schloß Tivoli/Tivolski grad
Schloß im Tivolipark, westlich des Stadtzentrums. Zu Beginn des 17. Jh. von Jesuiten als Kloster errichtet, 1852 von Kaiser Franz Joseph an Feldmarschall Radetzky übergeben. Heute beherbergt es das Internationale Graphikzentrum.

Ursulinenkirche/Uršulinska cerkev
Pompöse, im Palladiostil erbaute Kirche mit einem Hochaltar von Francesco Robba.

Museen und Galerien

Architekturmuseum/Arkitekturni muzej
Œuvre des Architekten Jože Plečnik, 1986 im Pariser Kulturzentrum Georges Pompidou vorgestellt und anschließend an die Geburtsstadt des Künstlers abgetreten. Das Werk wird dem Publikum im renovierten Renaissanceschloß Fužine präsentiert, das im 16. Jh. von der bayerischen Familie Khissl, Förderern der slowenischen protestantischen Literatur, erbaut wurde. Eine Filiale des Plečnik-Museums mit Antiquitäten und alltäglichen Gegenständen befindet sich im Wohnhaus des Architekten (Karunova 4).
Studenec 2a
Di–Fr 10–15 Uhr

Jakopič-Galerie/Jakopičeva Galerija ■ b 6
Moderne Plastik, Architektur und Design bedeutender slowenischer und ausländischer Künstler.
Slovenska 9
Di–Sa 10–14 und 15–18,
So 10–13 Uhr

Kulturzentrum Cankar/Kulturni Center Cankarjev Dom ■ a 4
Das ganze Jahr über – außer im August – gibt es hier Theater- und Filmvorführungen, Konzerte, Tagungen und Ausstellungen.
Prešernova 10
Mo–Sa 10–14 und 16–20 Uhr

Museum der modernen Kunst/Moderna Galerija ■ a 3
Bilder, Plastiken und Drucke slowenischer Künstler des 20. Jh.; alle zwei Jahre (jeweils im ungeraden Jahr) findet hier die Internationale Graphik-Biennale statt.
Cankarjeva 15
Di–Sa 10–18, So 10–13 Uhr

Die Bibliothek im Priesterseminar neben dem Dom zeigt barocke Pracht

Nationalgalerie/Narodna galerija ■ b 2/b 3
Slowenische und europäische Kunst vom Mittelalter bis zum Impressionismus. Wechselausstellungen im neuen Flügel der Galerie (Novo krilo, Puharjeva 9).
Cankarjeva 20
Di–Sa 10–18, So 10–13 Uhr

Nationalmuseum/Narodni muzej ■ a 3/b 3
Größtes Museum Sloweniens mit archäologischen und kulturhistorischen, ethnographischen und naturhistorischen Sammlungen.
Muzejska 1/Prešernova 20
Di–Sa 10–18, So 10–13 Uhr

Slowenisches Theater- und Filmmuseum/Slovenski gledališki in filmski muzej ■ d 5
Wechselnde Ausstellungen im zweiten Stock eines schönen alten Gebäudes, dazu Retrospektiven berühmter internationaler Regisseure. Im ersten Stock werden Skulpturen von Fritz Lang ausgestellt, der 1915 als Soldat in Ljutomer diente.
Mestni trg 17
Mo–Fr 11–13 Uhr

Stadtmuseum/Mestni muzej Ljubljana ■ c 6
Archäologische Sammlung von der Frühgeschichte bis zum Mittelalter, dazu umfangreiches antikes Mobiliar.
Gosposka 15
Di–Sa 10–12 und 16–18,
So 10–13 Uhr

Tabakmuseum/Tobačni muzej
In der früheren Manufaktur werden Pfeifen, Tabakdosen, Designerpackungen und Zigarettenhalter ausgestellt. Illustriert wird auch der Fabrikalltag der Arbeiterinnen.
Tobačna 5
Am ersten Mi und dritten Do eines jeden Monats von 10–18 Uhr

Tivoli-Galerie/Galerija Tivoli
Graphikzentrum im Tivoli-Park, seit 1955 Ausstellungsort der renommierten Internationalen Graphik-Biennale.
Pod turnom 3
Di–Sa 10–16, So 10–13 Uhr

Visconti Fine Art Kolizej ■ b 2
Slowenisches Guggenheim mit Werken von Miró und Warhol, Vasarely und Rauschenberg.
Gosposvetska 13/II
Tel. 1 33 20 87 (Besuch nur nach Voranmeldung)

Essen und Trinken

Restaurants

Emonska klet ■ b 4
Restaurant im Kellergewölbe des Ursulinenklosters, im Boden eingelassene Mosaiken stammen aus einem römischen Patrizierhaus des alten Emona. Die meisten Gäste kommen nach Mitternacht, wenn zur Gulaschsuppe frisch gebackenes Brot der hauseigenen Bäckerei aufgetischt wird. Freitags gibt es Tanzmusik.
Plečnikov trg 2
Tel. 0 61/1 25 60 00
So geschl.
Mittlere Preisklasse (EC)

Ljubljanski Dvor ■ c 5
Fisch und Meeresfrüchte sind Spezialität dieses eleganten Restaurants in der Nähe des Flusses. Als preiswerte Alternative bietet sich die Pizzeria an, die über den Eingang im Souterrain erreichbar ist.
Dvorni trg 1
Tel. 0 61/21 65 55
So geschl.
Obere Preisklasse (Amex, DC, EC, Visa)

Maček ■ d 4
Gepflegtes Fischrestaurant am Ostufer des Flusses, vor allem Touristen kehren hier ein.
Cankarjevo nabrežje 15
Tel. 0 61/21 27 47
Mittlere Preisklasse (Amex, DC, EC, Visa)

Napoli ■ e 3
Vorwiegend junge Leute verspeisen hier Riesenpizzas zu günstigen Preisen. Im Sommer mit Außenterrasse.
Prečna 7
Tel. 0 61/31 29 49
Untere Preisklasse

Plečnikov hram ■ c 6
In der romantischen Klosteranlage Križanke treffen sich mittags Studenten und Professoren zu einem preiswerten Menü, abends wird nur à la carte-Kost geboten. Spezialität des Hauses ist Ramstek kraški (Karst-Rumpsteak), gefüllt mit geräuchertem Schinken und Oliven.
Trg francoske revolucije 2
Tel. 0 61/1 26 20 01
Mittlere Preisklasse

Pri vitezu ■ d 6
Restaurant mit internationalen Gerichten. Man speist umgeben von hellen Gewölben, Lüstern und edlem Mobiliar.
Breg 20
Tel. 0 61/21 83 03
Mittlere Preisklasse (EC, Visa)

Romeo ■ d 5
Akzeptable Pizzas in attraktiver Lage an der Uferpromenade.
Stari trg 6
Tel. 0 61/21 69 79
Untere Preisklasse (EC)

Rotovž ■ d 4
Renommiertes Restaurant am Rathaus mit Salatbuffet und ausgezeichnet zubereiteten Fleisch- und Fischgerichten. Auch wer Exotisches mag, kommt hier auf seine Kosten: Nicht selten stehen Steaks von Strauß und Krokodil auf der Speisekarte.
Mestni trg 2
Tel. 0 61/21 28 39
Obere Preisklasse (Amex, DC, EC, Visa)

Roža ■ c 5
Gemütliches Bistro mit Terrasse im ehemaligen Judenviertel.
Židovska ulica 6
Tel. 0 61/21 68 13
Untere Preisklasse

Šestica ■ c 3
Traditionsreiches Gasthaus aus dem Jahr 1776, früher Kutschenstation auf dem Weg von Wien nach Triest. Der Name Šestica (Sechser) erinnert an den Preis, der für Kost und Logis zu entrichten war. Das Lokal ist auch bei Einheimischen beliebt, geschätzt wird die herzhaft zubereitete slowenische Kost; besonders häufig wird Gulasch bestellt, dazu gibt es Semmeln und Bier.
Slovenska 38
Tel. 0 61/21 95 75
Untere Preisklasse (EC, Visa)

Sichuan ■ e 6
Kleines und gemütliches China-Restaurant unterhalb der Florianskirche, das aufgrund seiner günstigen Lage gut besucht ist. Der slowenische Besitzer bemüht sich mit traditioneller chinesischer Musik und asiatisch wirkenden Kellnern um ein exotisches Ambiente.
Gornji trg 23
Tel. 0 61/21 93 37
Mittlere Preisklasse

Ein halbes Jahrtausend
österreichische Herrschaft haben
das Stadtbild Ljubljanas geprägt

Smrekarjev hram ■ d 3
Exklusives Restaurant im Art-Nouveau-Stil, angeschlossen ans Grand Hotel Union.
Nazorjeva 2
Tel. 0 61/21 68 10
Sa und So geschl.
Obere Preisklasse (Amex, DC, EC, Visa)

Špageteraria ■ f 3
Vier verschiedene Lasagne-Sorten, vegetarische Speisen, Pizzen und leckeres Tiramisù machen das Restaurant vor allem bei ausländischen Gästen beliebt. Helles und freundliches Ambiente, sehr aufmerksamer Service.
Trubarjeva 52
Tel. 0 61/1 31 12 53
Mittlere Preisklasse

Cafés

Café El Mundo ■ c 3
Sehr gut besuchtes Stehcafé nahe dem Prešeren-Platz mit einer reichen Auswahl an Kaffeesorten aus aller Welt – gleichermaßen beliebt bei Jugendlichen, Literaten und Geschäftsleuten.
Čopova 7

Café-Bar Lina ■ d 6
Beliebt bei Studenten der angrenzenden Musikakademie; von den Plätzen an der Fensterfront kann man gut die Vorbeigehenden beobachten.
Stari trg 28
So geschl.

Café-Bar Marco Polo ■ e 6
Nach dem Besuch der Burg eine Erholungspause im Schatten der Florianskirche.
Gornji trg 20

Café Terasa Nebotičnik ■ c 3
Blick vom Himmelkratzer aus den 30er Jahren (12. Stock) auf Tivoli-Park, Burghügel und den Glasturm des neuen World Trade Center.
Štefanova ulica 1

Teestube Čajna hiša ■ d 5
Gemütlicher Treff im Herzen der Altstadt.
Stari trg 3
So geschl.

Einkaufen

Dom ■ d 5
Slowenische Folkloreartikel, z. B. schwarze Keramik aus Prekmurje, naiv bemalte Bienenstockbrettchen aus Radovljica, Kristallglas und bunte Eier.
Mestni trg 24

Samec ■ d 5
Attraktiver Laden mit slowenischem Kunsthandwerk: Bienenstockbrettchen und Honigbrot, Töpferwaren aus Prekmurje und Spitzen aus Idrija. Dazu erlesene Weine und Liköre in Flaschen, die vom berühmten slowenischen Designer Oskar Kogoj entworfen wurden.
Stari trg 15

Sidro ■ c 4
Von den Mönchen des Stična-Klosters hergestellt: Naturheilmittel und Kräutertees, Walnußlikör und Magenbitter, Tonerde und medizinische Tinkturen, Salben und Öle.
Kongresni trg 3
Mo–Fr 8–16, Sa 8–13 Uhr

Starinarnica Feniks Antiques ■ d 4
Ausgefallene kleine Antiquitäten wie z. B. Grammophone, Musikinstrumente und Kameras.
Mestni trg 11

Am Abend

Wichtigster Aufführungsort für Konzerte, Film- und Theateraufführungen ist das **Kulturzentrum Cankarjev Dom** (Kartenvorverkauf: Prešernova 10, tgl. 11–13 Uhr), daneben gibt es Veranstaltungen im **Slowenischen Nationaltheater** (Drama, Erjavčeva 1) und in der prunkvollen Oper (Župančičeva 1).

Atrium ■ d6
Café-Bar mit schönem altem Innenhof, postmodern umgestaltet. Mit zwei Außenterrassen am Gornji trg und an der Jakobskirche.
Gornji trg 4

Babilon ■ c4
Beliebte Disco im Zentrum der Stadt.
Kongresni trg 2
Di-Sa 22–4 Uhr

Café Theater ■ d3
»Don't laugh, the clown is dead«: An Wochenenden ist hier Vita Mavrič zu bewundern; sie ist Sängerin, Schauspielerin und Tänzerin in einer Person – und zugleich Theaterbesitzerin.
Grand Hotel Union
Miklošičeva 1

Casino ■ d2
Amerikanisches Roulette, Black Jack und vieles mehr: ein Spielcasino in zentraler Lage beim Hotel Austrotel.
Miklošičeva 9

Cutty Sark ■ c4
Grüne Kneipenoase inmitten der Stadt, beliebter Treffpunkt von in Ljubljana lebenden Ausländern. Erreichbar über einen kleinen Toreingang in der Wolfova ulica 6.
Knaflev prehod

Galerija ■ d4
Café-Bar mit Außenterrasse und angeschlossener Galerie, auch bei Schwulen und Lesben beliebt. Neben alkoholischen Getränken reiche Auswahl an frisch gepreßten Fruchtsäften.
Mestni trg 5

Jazzclub Gajo ■ b3
Kellerbar in einem Palast aus der Gründerzeit. Drago Gajo, selber Musiker, lockt die interessantesten Ensembles aus ganz Europa in seine Bar.
Beethovnovna 8

Beliebter Treffpunkt: das Café Galerija

Klub K 4 ■ c 1
Klub im Keller der studentischen Vertretung der Universität. Musik von Pop und Rock über Techno und Jazz bis zu irischer Folklore.
Kersnikova 4
Tgl. ab 22 Uhr

Križanke ■ c 6
In dem von Plečnik geschaffenen Sommertheater findet im Juni das Jazzfestival statt, im Juli und August kommen die Klassikfans auf ihre Kosten. Dann gibt es auch Aufführungen in der barocken Kreuzritterkirche, im Rittersaal sowie im geheimnisvoll beleuchteten Teufelshof.
Trg francoske revolucije 1/2

KUD
Bar mit kleiner Konzertbühne und Ausstellungsraum (KUD France Prešeren) im Stadtteil Trnovo. Mit angeschlossenem High-Tech-Café.
Karunova 14
So geschl.

Orto Bar
Szenetreff mit langem Tresen und bequemen Plüschsesseln, eingetaucht in schummriges Rotlicht. Auf einer großen Videoleinwand laufen Popclips, meist von MTV.
Grablovičeva 1

Reformator ■ e 3
Café-Bar mit kleiner Galerie und Außenterrasse.
Trubarjeva 18

True Bar ■ e 3
Am Mittwoch gibt es in den Kellerräumen Live-Musik.
Trubarjeva 23

DER BESONDERE TIP

Urlaub im Wasserschloß Auf einem Fluß schwimmt eine Insel, darauf eine Burg, an der weiße Schwäne vorbeigleiten: Otočec, 9 km nordöstlich von Novo Mesto, ist der Stoff, aus dem Legenden gesponnen werden. Die Wasserburg wurde im 13. Jh. als Verteidigungsbastion gegen mongolische Einfälle errichtet; in den nachfolgenden Jahrhunderten diente sie als Festung gegen Ungarn, Kroaten und Türken. Heute schützen ihre dicken Mauern ruhesuchende Urlauber, der Fluß legt eine zusätzliche Schranke zwischen sie und den Lärm der Welt. Doch Ruhe muß nicht Langeweile bedeuten: Gäste können auf der Krka paddeln und rudern, Angler erleben den fischreichen Fluß als Paradies, für Reiter stehen im 1 km entfernten Schloß Struga Pferde bereit. Grad Otočec, Grajska cesta 1, 8222 Otočec ob Krki, Tel. 0 68/32 18 30, Fax 32 25 90, 38 Betten, Luxusklasse (Amex, DC, EC, Visa) ■ D 4

Service

Auskunft ■ e4

Turistično informacijski center
In den Sommermonaten werden kostenlose Stadtbesichtigungen in englischer Sprache organisiert. Außerdem Zimmervermittlung.
Adamič Lundrovo nabrežje 2
1000 Ljubljana
Tel. 0 61/21 54 12, Fax 22 21 15

Autovermietung ■ c3
ABC c/o Kompas Holidays
Slovenska cesta 36
Tel. 0 61/1 32 10 53, Fax 21 91 11

Deutscher Lesesaal ■ b4
Bücherei mit aktuellen Zeitungen und Zeitschriften aus dem deutschsprachigen Raum. Mitgliedsausweis wird kostenlos ausgestellt.
NemškaČitalnica
Cankarjev dom
Trg republike 3 (2. Stock)
Mo 9–13 und 14–18, Di 14–18, Mi–Fr 9–13 Uhr

Ausflugsziele

Bistra/Freudenthal ■ B3

Romantisch gelegener Weiler 24 km südwestlich von Ljubljana. Berühmt wurde er aufgrund eines festungsartigen Klosters, in dem von 1255 bis 1782 Kartäusermönche residierten. Heute ist in den verbliebenen Gebäudeflügeln das **Technische Museum Sloweniens** untergebracht. Eine besondere Attraktion stellt die umfangreiche Sammlung blankpolierter Automobile dar. Sie stammen vorwiegend aus dem Besitz von Staatspräsident Tito, dem eine Schwäche für Luxusgegenstände nachgesagt wird.
Tehniški muzej Slovenije
Di–So 8–16 Uhr (im Winter geschl.)

Gornji Grad/ Oberburg ■ C2

Attraktiv gelegener Bergort 51 km nordöstlich von Ljubljana. Von seiner Vergangenheit als Bischofsresidenz kündet die machtvolle, mit Fresken ausgemalte **Pfarrkirche**, der bedeutendste Barockbau der Untersteiermark. Das angeschlossene **Benediktinerkloster** (1140) wurde 1944 zerstört, übrig blieb nur das steinerne Eingangsportal.

Von Gornji Grad kommt man leicht in unberührte Landstriche. Nordwärts erreicht man über eine malerische Bergpiste das **Savinja-Tal**, ostwärts führt ein Weg über Bočna durch das **Dreta-Tal**. Ab Bočna zweigt ein Weg zur **Alm Menina** (1508 m) ab, wo man in einer Berghütte übernachten kann. Die Hochebene ist verkarstet und mit Wald bestanden, man stößt hier auf Höhlen, Schächte und kleine Seen.

Kamnik/Stein ■ C2/C3

Mittelalterliche Kleinstadt mit Industrieanlagen, 23 km nördlich von Ljubljana am Fuße der Steiner Alpen. Auf ihrem Weg in die Berge brausen Besucher meist achtlos an Kamnik vorbei, doch ein Zwischenstopp lohnt. Im 12. Jh. war dies die wichtigste Stadt von Oberkrain, Handwerk und Handel florierten.

An die goldene Zeit erinnert die denkmalgeschützte **Altstadt** mit ihrer breiten, von hübschen Bürgerhäusern gesäumten Flaniermeile. Ein Blick in das **Franziskanerkloster** enthüllt eine alte, reichbestückte Bibliothek; gleich nebenan eine Kirche mit extravaganter, von Jože Plečnik geschaffener Kapelle. Auf einem Hügel südlich des Hauptplatzes steht eine **Burg** aus dem 11. Jh. (Mali grad), daneben eine romanische

Die Kamniška Bistrica lädt Wanderer im Sommer zum Baden ein

Kapelle mit mittelalterlichen Fresken. Zwischen Obstgärten liegt das **Renaissanceschloß Zaprice** versteckt. Das darin eingerichtete Museum wirkt etwas farblos; interessanter als die alten Dokumente und Möbel sind die Getreidespeicher am Museumseingang (Di und Do–Sa 9–12 und 15–18 Uhr).

Liebhaber schöner Landschaftsarchitektur fahren ins 4 km südlich gelegene **Arboretum**, eine barocke Parkanlage mit mehr als 3000 Pflanzen aus aller Welt. Wer ungezähmte Natur bevorzugt, fährt einige Kilometer nordwärts. Über Stahovica gelangt man ins Tal von **Kamniška Bistrica**, das von steil aufragenden Gebirgszügen umschlossen wird. Mit der Seilbahn erreicht man die Hochebene **Velika planina** (1666 m), auf der von Juni bis September Schafe weiden. Die Hirten leben in archaisch anmutenden, zeltförmigen Sennhütten, verkaufen Sauermilch und Käse an vorbeiziehende Wanderer.

Unterkunft/Essen und Trinken

Hram Lužar
Gemütliches Altstadtlokal mit hübschem Innenhof: große Auswahl an Obst und Salaten.
Šutna 8
1240 Kamnik
Tel. 0 61/81 75 19
Mittlere Preisklasse

Pri Gamsu
Wildspezialitäten bietet der Gasthof Zum Gamsbock. Er liegt in Stahovica und hat fünf Gästezimmer.
Stahovica 31
1242 Stahovica
Tel./Fax 0 61/82 55 88
Untere Preisklasse

Kranj/Krainburg ■ B 2

Geschäftige und traditionsreiche Stadt (37 000 Einw.), zugleich einer der wichtigsten Industriestandorte Sloweniens. Kranj liegt in einem weiten Tal am Fuße des Storžič, 26 km nördlich von Ljubljana. Jahrhundertelang war sie Sitz des Markgrafen. Sehenswert ist die **Altstadt**, die sich zwischen den Flüssen Save und Kokra ausbreitet. Die gotische **Kanzianskirche** (1450) besticht durch ein dreischiffiges Sternrippengewölbe und einen Chor mit reicher Bauplastik. Das alte **Rathaus** mit spätgotischer Säulenhalle birgt das **Regionalmuseum** mit archäologischen und ethnographischen Sammlungen sowie Werke des Bildhauers Lojze Dolinar. In der Nähe befindet sich das **Prešeren-Haus**, in dem der Dichter seine letzten Lebensjahre verbrachte.

Hotels/Essen und Trinken

Bellevue
Schön gelegenes Hotel 2 km westlich des Ortszentrums: auf einem markanten Hügel (Šmarjetna gora, 651 m) vor imposanter Gebirgsszenerie. Restaurant mit guten slowenischen Speisen.
Šmarjetna gora 6
4000 Kranj
Tel. 0 64/31 12 11, Fax 31 21 22
31 Betten
Untere Preisklasse (Amex, EC, Visa)

Creina
Bestes Hotel im Altstadtbereich mit hübscher Weinstube, Hallenbad und Sauna. Beliebt bei Geschäftsleuten.
Koroška Cesta 5
4000 Kranj
Tel. 0 64/21 36 50, Fax 21 37 60
89 Zimmer
Mittlere Preisklasse (Amex, EC, Visa)

Novo Mesto/Neustadt/ Rudolfswerth ■ D 4

Die kulturell bedeutendste Stadt der Unterkrain (Dolenjska) liegt 69 km südöstlich von Ljubljana. Malerisch thront die Altstadt über einer Flußschleife der Krka, im Norden und Süden schließen sich Neubauviertel an.

Mittelpunkt der Altstadt ist der trichterförmige **Marktplatz** mit Rathaus und Wasserbrunnen, Cafés und Läden unter Arkaden. Von hier ist es nicht weit zum **Franziskanerkloster**, das über eine wertvolle Bibliothek verfügt, und zur **Nikolauskirche**, deren schlanker Glockenturm die Stadtsilhouette beherrscht. Ihr wertvollstes Kunstwerk ist ein Tintoretto-Bildnis, das den Schutzheiligen der Kirche darstellt.

In der **Muzejska**, einer der ältesten Gassen der Stadt, befindet sich ein großes Museum mit archäologischen und ethnologischen Exponaten (**Dolenjski muzej**, Muzejska 7, 9–12 Uhr). Wer zum Fluß hinabspaziert, passiert die alte **Stadtmauer**, auf der sich kleine Häuser dicht aneinanderdrängen. Die offenen Holzgänge sind zur Sonnenseite hin plaziert, geschnitzte Konsolen verleihen ihnen romantisches Flair.

Hotel

Krka
Das frühere Metropol, jetzt frisch renoviert. 600 m westlich vom Hauptplatz, gleich nebenan die beliebte Disco Atlantis.
Novi Trg 1
8000 Novo Mesto
Tel. 0 68/32 22 26, Fax 32 22 42
50 Zimmer
Mittlere Preisklasse (Amex, EC, Visa)

Essen und Trinken

Breg
Beliebter Gasthof mit 150jähriger Tradition. Früher Künstlertreff, heute Gourmettempel mit slowenischen Spezialitäten und Spitzenweinen. Im Sommer speist man im Garten.
Cvelbarjeva 7
Tel. 0 68/2 12 69
Mittlere Preisklasse

Savinja-Tal ■ C 2/D 2

Ab Mozirje begleitet die Straße 39 km den Lauf der wilden Savinja, die sich ihren Weg durch die Kamniker und Savinjer Alpen bahnt. Sie wird von 1000 bis 1600 m hohen Bergkämmen umschlossen, im Hintergrund ragen die Gipfel des Raduha und Korošic auf. Am Weg liegen malerische Bergdörfer. Ab **Luče** verengt sich das Tal zu einer wilden Schlucht, in der nur noch Fluß und Straße Platz finden.

Am schönsten sind drei naturgeschützte Seitentäler, die kurz darauf von der Straße abzweigen. **Robanov Kot** wird von 2000 m hohen Steilwänden begrenzt; Logarska Dolina verengt sich zu einer Schlucht, in der ein 90 m hoher Wasserfall in weitem Bogen hinabrauscht; das bewaldete **Matkov Kot** wird von einem reißenden Bach durchströmt.

Hotel

Plesnik
Kleines, vollständig renoviertes Hotel in herrlicher Tallage. Restaurant mit internationaler und einheimischer Küche.
Logarska Dolina 10
3335 Solčava
Tel./Fax 0 63/84 61 10
32 Zimmer
Obere Preisklasse (Amex, DC, EC, Visa)

Škofja Loka/ Bischofslack ■ B3

23 km nordwestlich Ljubljana gelegene Stadt, die 1987 zum Kulturdenkmal erklärt wurde. Sie kann auf eine über tausendjährige Geschichte zurückblicken: Von den Freisinger Bischöfen wurde sie 973 gegründet, 300 Jahre später erwarb sie das Stadtrecht. Nach ihrer Zerstörung durch ein Erdbeben wurde Škofja Loka innerhalb weniger Jahre von Bischof Philipp wieder aufgebaut, zählt heute zu den schönsten Städten des Landes. Kirchen und Patrizierhäuser entdeckt man im Umkreis vom Mestni trg, dem **oberen Stadtplatz**. Besonders hervorzuheben sind **Ursulinen-** und **Jakobskirche**, das mit Renaissancefresken geschmückte **Homan-Haus** (mit schönem Café) und die barocke **Mariensäule**. Über der Stadt erhebt sich das **Schloß** von Škofja Loka, in dem die bayerischen Bischöfe residierten, bevor Habsburg 1803 die Verwaltung der Stadt übernahm. Aus dieser Zeit stammen die letzten Umbauten. In dem Schloß befindet sich heute das **Stadtmuseum** mit einer naturkundlichen und ethnographischen Sammlung (Di–So 9–17 Uhr).

Stična/Sittich ■ C3

Ältestes Kloster Sloweniens, 35 km südöstlich von Ljubljana. Seit 1136 ist es von Zisterziensern bewohnt. Eine 8 m hohe, bis heute erhaltene Wehrmauer schützte die Mönche vor türkischen Angriffen.

Zur Anlage gehören eine barockisierte **Kathedrale** mit mehreren Altären sowie ein freskengeschmückter romanisch-gotischer **Kreuzgang**. Die **Klosterkapelle** ist ein Meisterwerk des Rokoko, das **Prälatenhaus** birgt ein Museum mit alten Gemälden und Möbeln. Interessanter Klosterladen.

Turjak/Auersperg ■ C3

Südlich von Ljubljana erstreckt sich das **Barje**, ein ehemaliges Sumpfgebiet, das im 19. Jh. trockengelegt wurde. Einst thronten die Dörfer auf Hügeln. Heute werden die Häuser auch auf der 8 m hohen Torfschicht in der Ebene errichtet. Bedeutendste Sehenswürdigkeit des Barje ist die tausendjährige Burg Turjak, 25 km südöstlich von Ljubljana, die 1511 einem Erdbeben zum Opfer fiel. Sie ist heute fast vollständig renoviert und soll demnächst für Besucher geöffnet werden.

In Škofja Loka hatten die Freisinger Bischöfe 800 Jahre lang das Sagen

Gemütliche Stadt nahe der österreichischen Grenze. Weinhügel reichen dicht an die Altstadt heran, im Südwesten liegt das waldreiche Pohorje-Gebirge.

Maribor/ Marburg

■ E 2

TOPTEN 10

Mit knapp über 100 000 Einwohnern ist Maribor neben Ljubljana die zweite Großstadt Sloweniens. Sie ist kulturelles und wirtschaftliches Zentrum im Osten Sloweniens, Universitätsstadt (seit 1975) und Bischofssitz.

Stadt am Fluß

Zwar breitet sie sich an beiden Ufern der Drava aus, doch konzentriert sich das städtische Leben auf die linke, schon im Mittelalter besiedelte Flußseite. Hier befindet sich auch das alte **Hafenviertel Lent**, das in den 80er Jahren rundum erneuert wurde. Vor der Kulisse mächtiger Wehrmauern und Bastionen entstanden Cafés, Restaurants und Galerien, beliebte Treffpunkte der Marburger. Ein multikulturelles Sommer-Festival, das alljährlich stattfindet, lockt Tausende Besucher aus dem In- und Ausland an. Maribor entfaltet ein ungewöhnlich reges Kulturleben: Die kontroversen Aufführungen seines Theaters sind über die Landesgrenzen hinaus bekannt, zeitgenössische Kunst wird großgeschrieben und in zahlreichen Galerien ausgestellt.

Die Stadt blickt auf eine lange Geschichte zurück. Marchburch hieß eine 1164 erwähnte Grenzfestung zwischen dem Deutschen Reich und Ungarn. In ihrem Schatten ließen sich Deutsche und Slowenen nieder; dank jüdischer Handelskontakte entwickelte sich der Verkauf von Wein rasch zur wichtigsten Einkommensquelle. 1497 fand das christlich-jüdische Nebeneinander ein jähes Ende: Deutsch-slowenische Kaufleute entledigten sich ihrer jüdischen Konkurrenz, setzten durch, daß alle Juden die Stadt zu verlassen hätten. Jahrhundertelang blieb Marburg ein Provinzstädtchen, in dem die habsburgische Minderheit die slowenische Bevölkerungsmehrheit dominierte. Erst nach dem Völkerfrühling von 1848 wurde ihr zugestanden, sich in slowenischsprachigen Vereinen und Zeitungen zu artikulieren. Nach dem Zusammenbruch des habsburgischen Reiches 1918 wurde die neue Grenze knapp nördlich der Stadt gezogen. Marburg hieß fortan Maribor und wurde – von der deutschen Besatzungszeit 1941 bis 1945 abgesehen – eine slowenische Stadt.

Die Mariensäule auf dem Hauptplatz erinnert an die Pest, die im 17. Jh. wütete

Hotels und andere Unterkünfte

Habakuk
Neues Luxushotel am Fuße des grünen Pohorje-Gebirges. Das Thermalhotel verfügt über Innen- und Außenschwimmbecken, Physiotherapien und türkisches Bad, Whirlpools, Sauna und Fitneßstudio.
Pohorska ulica
Tel. 0 62/63 16 81
120 Zimmer
Obere Preisklasse (Amex, DC, EC, Visa)

Orel
Traditionsreiches Hotel zum Adler, zentral auf dem Burgplatz gelegen. Es wurde vor kurzem renoviert, verfügt über komfortable Zimmer mit TV-Sat. Umfangreiches Frühstücksbüffet.
Grajski Trg 3
Tel. 0 62/2 61 71, Fax 2 84 97
130 Zimmer
Obere Preisklasse (Amex, DC, EC, Visa)

Piramida
Modernes Hotel zwischen Busbahnhof und Altstadt. Eleganz und Komfort der Innenräume entschädigen für die wenig ansprechende Außenansicht.
Heroja Šlandra 10
Tel. 0 62/2 59 71, Fax 2 59 84
80 Zimmer
Obere Preisklasse (Amex, DC, EC, Visa)

Slavija
Neunstöckiges, im Stil der 70er Jahre erbautes Hotel, ausgerichtet auf die Bedürfnisse von Geschäftsreisenden. Eigene Tiefgarage.
Vita Kraigherja 3
Tel. 0 62/2 36 61, Fax 22 28 57
120 Zimmer
Obere Preisklasse (Amex, DC, EC, Visa)

Studentenheim Dijaški Dom 26. Junij
In den Monaten Juli und August als Jugendherberge geöffnet.
Železnikova 12
Tel./Fax 0 62/51 18 00
90 Betten
Untere Preisklasse

Tabor Garni Hotel
Neues Hotel am Stadtrand neben dem Messegelände. Einfach, aber behaglich. Eigener Parkplatz, guter Busanschluß in die Innenstadt.
Heroja Zidanska 18
Tel. 0 62/10 42 24, Fax 10 08 42
45 Zimmer
Mittlere Preisklasse (Amex, DC, EC, Visa)

Camping Jezero
Bei Bresternica 6 km westlich von Maribor, direkt am Drausee. Es gibt auch die Möglichkeit, sich in Bungalows einzumieten.
Bresternica – Pri Motelu 1
2351 Kamnica pri Mariboru
Tel. 0 62/62 16 40
150 Stellplätze
Geöffnet März–Okt.

Spaziergang

Vom **Burgplatz** (Grajski trg) am Rand der Altstadt gehen Sie über die autofreien Straßen Vetrinjska und Juričičeva zur **Gosposka Ulica**, seit dem Mittelalter die Einkaufsgasse der Stadt. Sie mündet in den **Glavni trg** – mit altem **Rathaus** und **Aloisiuskirche**, Bürgerhäusern und **Pestsäule** der ehemalige Hauptplatz von Maribor. Über die Dravska Ulica gelangen Sie zur attraktiven Ufermeile, wo sich Cafés und Restaurants aneinanderreihen. Das alte Lokal **Stara Trta** ist mit einem üppigen Weinstock geschmückt. Mit 400 Jahren ist er der älteste der Welt und trägt noch immer Früchte.

Über die hübschen Gassen Splavarski und Poštna gelangen Sie zum parkähnlichen **Slomškov trg**. Mit **Kathedrale** und **Theater**, klassizistischer **Universitätsbibliothek** und **Post** ist er der architektonisch schönste und zugleich lebhafteste Platz von Maribor. Über die Gosposka und Slovenska schlendern Sie zum Burgplatz zurück, biegen dort links in die Grajska ein, die Sie schnurstracks zum **Stadtpark** am Fuß des Weinhügels **Piramida** führt.

Sehenswertes

Altes Rathaus/Rotovž
Das Renaissance-Rathaus mit schmucker Loggia (1565) wurde vom venezianischen Architekten DellAlio entworfen. Im Jahr 1941 proklamierte vom Balkon Adolf Hitler die Germanisierung Sloweniens. Heute dient das Rathaus u. a. als Galerie.

Johannesdom/Sveti Janez Krstitelj
Ursprünglich romanisch (1150), wurde die Kirche in den nachfolgenden Jahrhunderten im gotischen und barocken Stil umgestaltet. Wandmalereien im Presbyterium und Reliefs am Chorgestühl zeigen Szenen aus dem Leben des Schutzpatrons. Das Meisterwerk der Kirche ist eine spätgotische expressive Marienskulptur am Floriansaltar.

Pestsäule/Steber kuge
Das barocke, 1743 von Jožef Straub entworfene Denkmal zeigt die Unbefleckte Maria: umringt von sechs Heiligen, den Schutzheiligen in Krankheitsfällen. Die Säule wurde zur Erinnerung an jene vielen Marburger Bürger errichtet, die im Jahr 1680 der Pest zum Opfer fielen.

Schloß/Mestni grad
1478 von Kaiser Friedrich III. als Festungsburg entworfen, später in eine feudale Wohnresidenz verwandelt. Besonders prächtig ist das mit

Vor dem Lokal Stara Trta wächst der angeblich älteste Weinstock der Welt

barocken Skulpturen geschmückte Treppenhaus; das heroische Deckengemälde im Festsaal zeigt eine Kavallerieschlacht zwischen christlichen Österreichern und moslemischen Türken (1763). Die östlich angeschlossene Loreto-Kapelle ist einer berühmten Wallfahrtskirche, der italienischen Santa Casa, nachempfunden.

Museen und Galerien

Fotogalerie Stolp/Židovski Stolp
Der Judenturm wurde 1465 zur Befestigung der Stadtmauer errichtet und dient heute als Fotogalerie. In der benachbarten Synagoge, dem besterhaltenen jüdischen Gotteshaus der Ostalpen (1469), wird zeitgenössische Kunst ausgestellt.
Židovski trg
Di und Do 18–20, Mi und Fr 17–19, Sa 10–12 Uhr

Galerie Hest/Galerija Hest
Mit Werken der bekanntesten slowenischen Maler der Gegenwart, darunter Grohar, Jama, Gaspari, Jakopič und Mihelič.
Vojašniški trg 10
Mo–Fr 10–13 und 17–19, Sa 10–13 Uhr

Kunstgalerie/Umetnostna galerija
Das mittelalterliche Zölestinerkloster, 1845 in klassizistischem Stil meisterhaft erneuert, beherbergt seit 1954 moderne slowenische Kunst.
Strossmayerjeva ulica 6
Di–Sa 9–13 und 15–18, So 9–13 Uhr

Rathausgalerie/Rotovž
Im ersten Obergeschoß des Rathauses werden wechselnde Kunstausstellungen gezeigt. Eine Filiale der Galerie (Trg Borisa Kraigherja 3) zeigt Avantgarde-Kunst.

Moderne Kunst vor dem Schloß: Denkmal der Befreiung

Slovenska ulica 27
Di–Fr 10–13 und 15–19, Sa 10–13 Uhr

Regionalmuseum/Pokrajinski muzej
Archäologische Funde und ethnographische Exponate in stilvollem Schloßambiente.
Grajska ulica 2
Di–Sa 9–17, So 10–12 Uhr

Essen und Trinken

Anderlič
Nördlich der Altstadt auf dem Kalvarienberg gelegenes Lokal mit Gartenterrasse. Heimische Küche und Weine aus eigener Produktion, Übernachtungsmöglichkeit in Appartements.
Za Kalvarijo 10
Tel. 062/26821
Mo geschl.
Mittlere Preisklasse

Arte
Elegante Café-Bar mit Galerie im Art-déco-Stil; Treffpunkt von Künstlern und Neureichen. Im Obergeschoß nobles Restaurant mit internationaler Küche, Spezialität des Hauses sind Steaks und Meeresfrüchte.
Splavarski prehod 5a (Lent)
Tel. 0 62/22 22 09
Obere Preisklasse (Amex, DC, EC, Visa)

Gledališka
Schönes Theatercafé mit Außenterrasse am autofreien Slomškov trg.
Slomškov trg s/n

Grill Ranca
Beliebter Edel-Schnellimbiß mit Terrasse am Ufer der Drau; offeriert werden Grillspezialitäten mit Lepinja: balkanische Hamburger, dazu pikante Beilagen.
Dravska ulica 10
Tel. 0 62/2 99 65
Untere Preisklasse

Hugo
Lokal im Vorort Limbuš am Südufer der Drau. Mit schöner Außenterrasse und hervorragender Küche.
Limbuško nabrežje 10
Tel. 0 62/10 34 72
Mittlere Preisklasse

Napoleon
Das pastellfarbene Barockschloß Betnava (1784) befindet sich 3 km südlich des Stadtzentrums und birgt ein elegantes Restaurant mit Fleisch- und Fischspezialitäten.
Streliška 150
Tel. 0 62/30 52 54
Obere Preisklasse (Amex, DC, EC, Visa)

Piranha
Terrassencafé am Flußufer neben der ältesten Weinrebe der Welt. Treffpunkt von Studenten und Trendsettern.
Vojašniša ulica 4

Pri treh ribnikih
Traditionelles Ausflugslokal im Stadtpark unterhalb des Pyramidenhügels. Hier ißt man hervorragend Reh auf Jägerart, Heidekornschnitten und Käsestrudel. Im Sommer wird auf der idyllischen Gartenterrasse serviert.
Ribniška 3
Tel. 0 62/21 13 71
Mittlere Preisklasse

Verdi
Gemütliches Restaurant im Altstadtviertel Lent mit Pizzas aus dem Steinofen, bei gutem Wetter ißt man auf der Terrasse.
Dravska ulica 8
Tel. 0 62/22 12 00
Untere Preisklasse

Vinagova vinoteka
Der fünfeckige Wasserturm am Ufer der Drau (1555) beherbergt eine Vinothek, in der man slowenische Spitzenweine kosten und kaufen kann. Von der Bastion eröffnet sich ein schöner Ausblick auf die Stadtmauer, die Synagoge und den Judenturm.
Usnjarska 10
Tel. 0 62/2 77 43
So geschl.

Zimski vrt zamorc
Gourmetgerichte in ruhig-intimem Ambiente: Der immergrüne Wintergarten lockt mit üppiger Vegetation.
Grajski trg 3
Tel. 0 62/21 27 17, Fax 2 84 97
So geschl.
Obere Preisklasse (Amex, DC, EC, Visa)

Einkaufen

Linea
Formschönes, mundgeblasenes Glas aus der renommierten Glaswerkstatt von Rogaška. Auch Kristall- und Keramikobjekte.
Vojašniška ulica 6

Markt
Größter Obst- und Gemüsemarkt der slowenischen Steiermark.
Koroška cesta/Vodnikov trg
Mo–Sa 8–13 Uhr

Vinag
Im größten, 160 Jahre alten Weinkeller Sloweniens werden 6 Mio. Liter Wein gelagert. Fast jede slowenische Weinmarke ist hier erhältlich.
Trg svobode 3

Am Abend

Casino
Treffpunkt der Geschäftswelt im ersten Stock eines hundertjährigen Gebäudes an der Drau. An der Ostseite des Hauses befindet sich der Eingang zum edlen Casino-Café, in dem der Lärm der Hauptstraße erstirbt; hervorragende Süßspeisen und Cocktails zu dezenter Klaviermusik.
Glavni trg 1
18–2 Uhr

Kino Partizan
Hier werden viele ausländische Filme im Original mit slowenischen Untertiteln gezeigt.
Grajska ulica 5

Klassik
Konzerte mit klassischer Musik finden häufig im Festsaal des Schlosses und in der Kathedrale statt.

MKC
Studentisches Kulturzentrum nahe Slomškov trg mit häufigen Konzerten, am Wochenende Disco.
Orožnova 2

Pivnica Alf
Bier- und Weinstube in einem 200jährigen Keller, ein Hauch von Eleganz bestimmt das Dekor. Am Freitagabend gibt es Live-Musik, dazu werden deftige Speisen geboten.
Splavarski prehod 8

Slowenisches Nationaltheater/ Slovensko narodno gledališče
Mit seiner Produktion des »Faust« gelang dem jungen Regisseur Tomaž Pandur der Durchbruch zur internationalen Spitzenklasse.
Slovenska ulica 27

Satchmo Jazz Club
Im Gebäude der Kunstgalerie öffnet allabendlich um 21 Uhr Sloweniens zweitbester Jazzclub.
Strossmeyerjeva ulica 6

Splavarski hram
Kleine Innenhofkneipe, beliebt vor allem bei Studenten.
Splavarski prehod 5

Service

Auskunft

Turistično informacijski center MATIC
U. a. Privatzimmervermittlung.
Grajski trg 1
2000 Maribor
Tel. 0 62/21 12 62, Fax 2 52 71

Autovermietung
Hertz-Filiale im Hotel Slavija
Vita Kraigherja 3
Tel. 0 62/22 52 52, Fax 2 66 55

Ausflugsziele

Brežice/Rann ■ E3

Mittelalterlich geprägte Kleinstadt, 90 km südlich von Maribor und bereits nahe der kroatischen Grenze. Prunkstück ist die über dem Saveufer thronende **Renaissanceburg** (16. Jh.), später von den Grafen von Attems im Barockstil erneuert. Sie birgt heute ein wichtiges **archäologisch-ethnographisches Museum** (Posavski muzej, Cesta prvih borcev 1, Mo–Sa 8–13, So 9–12 Uhr). Die barocken Decken- und Wandfresken aus feudaler Zeit kontrastieren mit dem ausgestellten primitiven Kulturerbe aus der Bronze- und Hallstattzeit. In der ethnographischen Abteilung werden u. a. die slowenischen Bauernaufstände nachgezeichnet, die sich auch gegen die früheren Besitzer der Burg Brežice richteten.

Südöstlich der Stadt, nur 3 km von der kroatischen Grenze entfernt, erhebt sich am rechten Saveufer die **Burg Mokrice**, in der im Jahr 1573 Matija Gubec, der legendäre Bauernführer, gefoltert und getötet wurde. Heute darf man im Schloß fürstlichen Urlaub verbringen. Das Hotel hat stilvoll eingerichtete Zimmer, in den Schloßtürmen vier prachtvolle, geräumige Appartements: ein jedes mit eigener Architektur und eigenen historischen Namen (Auersperg, Gräfin Barbara, Romula und Mason Stern). Im Englischen Park wurde ein Golfplatz angelegt, wer will, kann die Umgebung auf dem Rücken eines Pferdes erkunden. Nahebei auch die größte Thermalwasserriviera Sloweniens, die **Kuranlage von Čatež**.

Hotels und andere Unterkünfte

Golf Grad Mokrice
Schloßhotel am rechten Saveufer inmitten von Wäldern. Dazu ein Restaurant für Feinschmecker mit Kronleuchtern und Stilmöbeln.
Zu den Spezialitäten gehören Rohschinken vom Wildschwein, gefüllte Wildpastetchen à la Mokrice,

Sie trägt ihren Namen zu Recht: die Steirische Toskana

Hirsch-Medaillons und Rehrücken. Im Schloßkeller werden erlesene slowenische Weine gelagert, nach Geheimrezept wird aus eigenem Obstanbau der Branntwein Viljamovka erzeugt.
Rajec 4
8261 Jesenice na Dolenjskem
Tel. 0 68/3 59 03, Fax 6 27 21
30 Zimmer
Obere Preisklasse (Amex, DC, EC, Visa)

Terme Čatež
Moderne Kuranlage mit drei Hotels und phantastischer Pool-Landschaft.
Topliška cesta 35
8250 Čatež ob Savi – Brežice
Tel. 06 08/3 59 03, Fax 6 27 21
500 Betten
Obere Preisklasse (Amex, DC, EC, Visa)

Camping Terme Čatež
Meistbesuchte Anlage Sloweniens in der Nähe des Kurzentrums. Gästen stehen die Thermalbäder kostenfrei zur Verfügung. Komfortable Ferienhäuser und Bungalows ergänzen das Unterkunftsangebot.
Toplišca cesta 35
Tel. 06 08/3 50 00, Fax 6 27 21
190 Stellplätze
Geöffnet April–Okt.

Celje/Cilli ■ D 3

Kultur- und Industriestadt (40 000 Einw.), 60 km von Maribor entfernt. Die ursprünglich keltische Siedlung wurde von Rom erobert und Claudia Celeia genannt. Im Spätmittelalter, unter dem Magnatengeschlecht Cilli, rückte sie zur heimlichen Hauptstadt des Herzogtums Krain auf. Von vergangener Prachtentfaltung kündet das **Renaissance-Schloß** (1580), in dem heute das **Regionalmuseum** untergebracht ist (Muzejski trg 1, Tel. 0 63/44 26 33, Di–Fr 10–18, Sa und So 9–12 Uhr). Exponate aus keltischer, römischer und mittelalterlicher Zeit veranschaulichen die Stadtgeschichte. Im Hauptsaal des Obergeschosses schuf der polnische Maler Theofilowicz ein

DER BESONDERE TIP

Tagesausflug nach Zagreb Nur 35 km ist die kroatische Hauptstadt von Brežice entfernt, für die Einreise benötigen Besucher aus Deutschland, Österreich und der Schweiz einen gültigen Personalausweis. Seit der Unabhängigkeit des Nachbarlandes wird die alte Kulturmetropole aufpoliert, soll glänzen als Schaufenster eines neuen Staates. Herzstück von Zagreb ist der Platz der Republik, von dem prachtvolle Flanierstraßen in alle Himmelsrichtungen abzweigen. Über den tausendjährigen Stephansdom gelangen Sie zu der auf einem Hügel thronenden ehemaligen Königsstadt. Mit barocken Kirchen und Klöstern, neuen Galerien und Boutiquen lädt sie zu einem ausgedehnten Bummel ein. Touristeninformation: Trg Jelačića 11, Zagreb, Tel. 27 25 30 ■ E 4

Deckengemälde (1622), das die Illusion eines zum Himmel geöffneten Raumes vermittelt.

Aus dem 14. Jh. stammt die gotische **Danielskirche**. In der Kapelle der Trauernden Muttergottes findet man meisterhafte Bauplastik sowie vielfarbige Fresken. Liebhaber romantischer Ruinen entdecken auf der gegenüberliegenden Flußseite Reste einer **Burg**, die einst als mächtigste Festung östlich der Alpen galt. Vom Wehrturm genießen Sie einen phantastischen Ausblick.

Hotel

Turška Mačka
Einst war die türkische Katze ein Treffpunkt von Künstlern und Theaterleuten. Mit expressiven Bildern und Design-Möbeln bewahrt das Hotel das Bohemien-Ambiente.
Gledališka ulica 7
Tel. 0 63/2 51 50, Fax 2 85 21
25 Zimmer
Mittlere Preisklasse (Amex, DC, EC, Visa)

Essen und Trinken

Istrska Konoba
Originelle Innenarchitektur mit bunten Glasfenstern (entworfen von Lojze Spacal) und ausgefallenen Möbeln – hier läßt sich die Küche aus Istrien und dem Karst vortrefflich genießen! Große Weinauswahl.
Gledališka ulica 7
Tel. 0 63/2 10 41
Obere Preisklasse (Amex, DC, EC, Visa)

Service

Auskunft

Turistično društvo Celje
Prešernova 17
3000 Celje
Tel./Fax 0 63/48 10 62

Das illusionistische Deckengemälde im Renaissance-Schloß Celje

Kostanjevica na Krki/Landstrass ■ D4

Das »Venedig Sloweniens«, wie Kostanjevica werbewirksam tituliert wird, liegt 108 km südlich von Maribor. Von allen Seiten wird es vom Wasser der Krka umspült; stolz rühmt es sich, nicht nur die älteste (1252), sondern mit 750 Einwohnern auch kleinste Stadt Sloweniens zu sein. Trotz aller Superlative mutet Kostanjevica eher wie ein beschauliches Dorf an.

TopTen 9

Das eigentliche Highlight von Kostanjevica liegt 1,5 km südwestlich am Fuß des steilen Veliki Trebež. Dort errichteten im 13. Jh. Zisterziensermönche das **Kloster Mariabrunn**. Der Reichtum des Ordens spiegelt sich in barocker Prunkentfaltung: Der dreigeschossige Arkadenhof überwältigt durch seine gigantischen Proportionen, die Kirchenfassade besticht durch reiche Bauplastik. In den Räumen des Klosters ist eine wertvolle Gemäldegalerie mit Werken wichtiger slowenischer Künstler untergebracht. Herausfordernd schlicht wirken die vielen Holzskulpturen im Umfeld des Klosters: Sie wurden von Bildhauern aus aller Welt während der Forma-Viva-Symposien geschaffen.

Unterkunft/Essen und Trinken

Žolnir
Bekannter Gasthof mit Sommerterrasse, 800 m nordöstlich des Stadtkerns. Hervorragende Dolenjska-Spezialitäten, dazu Wein aus eigenem Anbau.
Krška cesta 2
8311 Kostanjevica na Krki
Tel. 06 08/8 71 33
6 Zimmer
Mittlere Preisklasse

Mariborsko Pohorje/Bacherngebirge ■ D2

Waldreiches Mittelgebirge unmittelbar vor den Toren Maribors. Vom Hotel Habakuk 6 km südwestlich der Stadt fährt eine Gondelbahn zum über 1000 m hoch gelegenen Hotel Bellevue. Weit reicht von hier der Blick über Maribor hinaus bis zu den Weinhügeln von Slovenske Gorice. Vom 200 m höher gelegenen Hotel Areh starten Wanderwege in alle Himmelsrichtungen. Am attraktivsten ist der slowenische Alpenpfad, der Sie in südwestlicher Richtung zu den **Šumik-Wasserfällen** und dem urwüchsigen Wald **Pragozd** geleitet (5 km). Im Winter ist das **Mariborsko Pohorje** mit 40 km Pisten, 25 km Loipen und 16 Lifts ein beliebtes Skigebiet; alljährlich werden hier die Slalom-Weltcuprennen der Damen ausgetragen.

Hotels und andere Unterkünfte

Areh
Neues, im Alpinstil erbautes Hotel in 1250 m Höhe. Mit direktem Zutritt zu den Skipisten.
Areh s/n
62208 Mariborsko Pohorje – Pohorje
Tel. 0 62/22 18 90, Fax 22 68 66
25 Zimmer
Mittlere Preisklasse (Amex, DC, EC, Visa)

Bellevue
Von Wäldern umgebenes Hotel in 1050 m Höhe mit herrlichem Blick auf Maribor und das Drautal.
Na Slemenu 40
62208 Mariborsko Pohorje
Tel. 0 62/22 18 90, Fax 22 68 66
40 Zimmer
Mittlere Preisklasse (Amex, DC, EC, Visa)

Murska Sobota/ Olsnitz ■ F 1

Angegraute Hauptstadt der Provinz Prekmurje, 60 km nordöstlich von Maribor. Bis 1918 gehörte Murska Sobota zu Ungarn, und auch im Zweiten Weltkrieg war es von ungarischen Truppen besetzt.

Zu den wenigen Sehenswürdigkeiten der Stadt zählt das im 15. Jh. erbaute **Schloß** inmitten eines weitläufigen Parks. Unter der Herrschaft der ungarischen Adelsfamilie Szápáry erhielt es sein heutiges Aussehen im Stil des Barock. Seit 1936 dient es als **Regionalmuseum** mit einer archäologischen, ethnologischen und kunsthistorischen Sammlung (Pokrajinski muzej, Trubarjev drevored 4, tgl. 10–12 Uhr).

In der Umgebung von Murska Sobota gibt es mehrere **Kuranlagen**, in denen Sie viel besser übernachten können als in der Provinzhauptstadt. Zu den modernen Hotelanlagen gehören auch preiswerte Zeltplätze; Camper haben freien Zugang zu den Thermalbädern und Sportstätten. Die Kurkomplexe von **Moravske Toplice** und **Banovci** sind gleichermaßen geeignet als Startpunkt für Wanderungen und Radtouren durch die Weinregion.

Hotels und andere Unterkünfte

Ajda
Das bestausgestattete Hotel der Kuranlage Moravke Toplice, zu der ein weiteres Hotel sowie eine moderne Camping- und Bungalowanlage gehören, dazu sieben Thermalschwimmbecken, Tennisplätze und Bocciabahn. 8 km nordöstlich Murska Sobota.
Kranjčeva 12
9221 Moravske Toplice - Martjanci
Tel. 0 69/4 81 06, Fax 4 86 07
151 Zimmer und 6 Appartements
Obere Preisklasse (Amex, DC, EC, Visa)

Termalno Kopališče Banovci
Komfortable Pension in kleiner Kuranlage mit Hallen- und Freibad. Angeschlossen ist ein Campingplatz mit FKK-Revier. 14 km südlich Murska Sobota.
Banovci-Veržej s/n
9241 Banovci-Veržej
Tel./Fax 0 69/8 70 70
20 Zimmer
Mittlere Preisklasse (Amex, DC, EC, Visa)

Podčetrtek/Windischlandsberg ■ E 3

Dorf an der slowenisch-kroatischen Grenze, 57 km südlich von Maribor. Im Nordwesten erheben sich die Ruinen einer mittelalterlichen Burg, im Norden liegt **Atomske Toplice**, Sloweniens jüngstes Kurbad. Lassen Sie sich nicht von dem Namen verschrecken: Er verweist auf die leicht radioaktiven Thermalquellen, die bei Hautkrankheiten und Rheuma gute Heilerfolge versprechen. Wichtigster Vorzug von Atomske Toplice ist die phantasievoll gestaltete Pool-Landschaft drinnen und draußen; für Nudisten ist ein Winkel reserviert.

20 km südlich von Podčetrtek lohnt die romanische **Burg Podsreda** einen Besuch. Sie thront auf einem 475 m hohen Hügel, meterdicke Mauern schirmen die romanische Festung aus dem 12. Jh. von der Außenwelt ab. Die Innenräume bergen eine Sammlung slowenischer Glasobjekte, eine freskengeschmückte Kapelle sowie eine original eingerichtete mittelalterliche Burgküche (Grad Podsreda, Di–So 10–18 Uhr).

Hotels und andere Unterkünfte

Atomske Toplice
Das Hotel, das 1990 gründlich renoviert wurde, ist das Herzstück der Kuranlage. Daneben gibt es ein Appartementdorf mit 25 Häusern und eine 2 ha große Campinganlage, 800 m vom Kurzentrum entfernt.
Podčetrtek s/n
Tel. 0 63/82 90 00, Fax 82 90 24
104 Zimmer
Obere Preisklasse (Amex, DC, EC, Visa)

Ptuj/Pettau ■ E 2

Die älteste Stadt Sloweniens ist dank ihrer bewegten Geschichte eine kulturelle Schatzkammer. Besiedelt wurde sie schon vor etwa 4000 Jahren, zu Ruhm gelangte sie als Kolonie und Kaisersitz der Römer. Die Erzbischöfe von Salzburg hauchten der von Ostgoten im 5. Jh. zerstörten, später von Slawen besiedelten Stadt neues Leben ein, errichteten über der Drau im 12. Jh. eine mächtige Burg; sie wurde erst gegen die Maygaren, später gegen die Türken zur Festung ausgebaut.

Die denkmalgeschützte Altstadt mit kopfsteingepflasterten Gassen, pastellfarbenen Bürgerhäusern und spitzgiebligen Dächern wirkt gemütlich-verschlafen. Den Mittelpunkt von Ptuj bildet der attraktive **Slovenski trg** mit **altem Rathaus** und **Georgskirche**. Im hoch aufschießenden **Stadtturm** ist die Touristeninformation untergebracht, davor prunkt ein 5 m hoher antiker Marmorblock mit einem Orpheus-Relief. Das Denkmal, das dem heiligen Florian gesetzt wurde, erinnert daran, daß Ptuj im Laufe seiner Geschichte von vielen Feuersbrünsten heimgesucht wurde. Wichtigste Sehenswürdigkeiten der Stadt sind die **Burg** und die beiden im 13. Jh. errichteten Klöster. Das **Burgmuseum** birgt edle Stilmöbel und Kunsthandwerk aus mehreren Jahrhunderten; ungewöhnlich ist die ethnographische Abteilung mit bizarren Faschingsmasken aus Ptuj (Na gradu 1, tgl. 9–17 Uhr). Im **Dominikanerkloster** werden archäologische Funde ausgestellt sowie Skulpturen von der Antike bis zum Barock (Mitte April–Ende Nov., Führungen stündlich 10–17 Uhr). Das **Minoritenkloster** wurde 1945 Opfer eines Bombenangriffs der Alliierten, heute kann nur noch der üppig bemalte Barocksaal besichtigt werden.

Auf einem markanten Hügel 12 km südwestlich thront die **Wallfahrtskirche** von **Ptujska Gora**. Das schönste Bauwerk slowenischer Gotik präsentiert sich als mittelalterliche Skulpturengalerie. Der Künstler, der den Hauptaltar gestaltete, hat den Begriff der Schutzmadonna wörtlich genommen: Kirchliche Würdenträger und Adelige, Bürger und Bauern – insgesamt 80 Personen – blicken zur Madonna empor, suchen Zuflucht unter ihrem weit ausgebreiteten, von neun Engeln gehaltenen Mantelumhang (1410).

Unterkunft

Terme Ptuj
Moderne Campinganlage 1,5 km südlich von Ptuj mit kleinem Bungalowkomplex und Appartementanlage. Vier Thermalbäder mit einer Wassertemperatur von 33° C sowie acht Tennisplätze gehören mit zum Angebot.
Pot v Toplice 9
Tel. 0 62/77 17 21, Fax 77 22 47
100 Stellplätze
Geöffnet Mai–Sept.
Untere Preisklasse (Amex, DC, EC, Visa)

Die Wallfahrtskirche von Ptujska Gora

Essen und Trinken

Archivska vinska klet
Ein Archiv im wahrsten Sinne des Wortes: Der älteste hier gelagerte Wein stammt aus dem Jahr 1917.
Trstenjakova 6
Tel. 0 62/77 28 21, Fax 77 32 01

Ribič
Fischrestaurant direkt am Flußufer, mit überdachter Terrasse.
Dravska 9
Tel. 0 62/77 14 67, Fax 77 64 11
Mittlere Preisklasse

Service

Auskunft

Turistično informativni center
Slovenski trg 14
2250 Ptuj
Tel. 0 62/77 15 69, Fax 77 35 34

Radenci/ Bad Radein ■ E 1/F 1

Kleiner Kurort am Fuß rebenreicher Hügel, 48 km nordöstlich von Maribor. Berühmt wurde Radenci aufgrund seines **Mineralwassers »Drei Herzen«**: Das ehemalige Lebenselixier des Wiener Hofstaats wird heute von allen Slowenen und auch im Nachbarland Kroatien getrunken. Dem unaufhaltsamen Siegeszug dieses Heilwassers ist ein attraktiv gestaltetes Museum gewidmet. »Zauberberg«-Atmosphäre vermittelt die klassizistische Kurhalle mit Trinkpavillon und Park, die Kurhotels verströmen medizinisch-therapeutische Funktionalität. Zur Anlage gehören mehrere Thermalbäder und Tennisplätze, während der Sommermonate wird ein anspruchsvolles Kulturprogramm organisiert.

Hotel

Radin
Komfortables Kurhotel mit großer Empfangshalle und einem Café im Wiener Stil.
Zdraviliško naselje 12
9252 Radenci
Tel. 0 69/6 50 06, Fax 6 50 54
214 Betten
Obere Preisklasse (Amex, DC, EC, Visa)

Der Besondere Tip

Kunsthandwerk aus der Steirischen Glashütte Wer einmal erleben möchte, wie aus geschmolzenem Glas phantastisch schillernde Kunstwerke entstehen, besucht die Steirische Glashütte. Bereits vor 400 Jahren nahm sie ihren Betrieb auf, als das magnesiumreiche Mineralwasser für den Transport zum Wiener Hof in Glasflaschen gefüllt werden mußte. Nach dem Vorbild traditioneller Glasbläser werden heute Trinkbecher, Vasen und Schalen geformt, die interessanteste Schöpfung ist eine Kerzenlampe mit duftendem Flüssigwachs. Vorschläge für Besichtigungstermine erhalten Sie an der Rezeption der Kurhotels in Rogaška Slatina.

Rogaška Slatina/Rohitsch Sauerbrunn ■ E3

Traditionsreicher Kurort 45 km südlich von Maribor, oft als »Karlsbad südlich der Alpen« bezeichnet. Er liegt in einem kleinen Tal, umgeben von den romantischen Kuppen der Macelj-Berge. Wären nicht die großen modernen Kurhotels, fühlte man sich in Rogaška Slatina ins vergangene Jahrhundert zurückversetzt: Das klassizistische Kurhaus verströmt nonchalanten Charme, prächtige Jugendstilvillen waren einst Treffpunkt der Wiener Aristokratie. Trinkkuren und Therapien drehen sich rund um die Verdauung, doch auch kulturelle Bedürfnisse kommen nicht zu kurz. Im Museum wird hochkarätige Graphik aus dem 16. bis 19. Jh. ausgestellt; die Kristallhalle, in der schon Franz Liszt spielte, lädt mehrmals wöchentlich zu Klassikkonzerten.

Hotel

Donat
Fünfstöckiges, komfortables Hotel, Herzstück der Kuranlage Zdravilišče Rogaška. Zwei Etagen sind in diesem Hotel für Nichtraucher reserviert. Alle Zimmer haben Balkon mit Aussicht auf Park oder Wald.
Zdraviliški trg 10
3250 Rogaška Slatina
Tel. 0 63/8 11 30 00, Fax 8 11 37 32
147 Zimmer, 5 Appartements
Obere Preisklasse (Amex, DC, EC, Visa)

Sevnica ■ D3

An der Straße von Celje nach Novo Mesto passiert man das beschauliche Städtchen Sevnica am linken Ufer der Sava, das bereits vor der Römerzeit besiedelt war. Interessant ist das **Museum** in der **Oberen Burg** mit einer archäologischen und ethnographischen Sammlung; am Fuße der Burg wurde im 16. Jh. der Luther-Keller (Lutrovska klet), ein protestantischer Gebetsraum, eingerichtet und mit Fresken ausgeschmückt. Gleichfalls am linken Flußufer prunkt **Brestanica**, die älteste Burg Sloweniens (erstmalig erwähnt 895 n. Chr.), mit Arkadenhof und vielfarbigen Fresken im Nordflügel.

Slovenj Gradec/Windischgraz ■ D2

Kultureller Mittelpunkt der Provinz Koroška (Südkärnten), 73 km westlich von Maribor. Im Mittelalter war die Marktstadt für ihre blühenden Kunstwerkstätten und Zünfte bekannt, und auch heute noch trägt sie stolz den Beinamen »Stadt der Kunst«. Slovenj Gradec zählt nur 7000 Einwohner, doch verfügt sie rund um den malerischen **Marktplatz** über mehrere Museen und Galerien. Kostbare archäologische Exponate aus römischer Zeit werden im **ehemaligen Rathaus** ausgestellt; die **Kunstgalerie** zeigt Werke bedeutender slowenischer Maler und Bildhauer (Glavni trg 24, Di–Fr 10–12 und 15–18, Sa 10–12 Uhr). Während der **Kulturtage**, die alljährlich Anfang Juni stattfinden, wird den Verbindungen zwischen primitiver und zeitgenössischer Kunst nachgespürt. Kein Wunder, daß in dieser musengeküßten Stadt Menschen zu Künstlern werden: In Slovenj Gradec wurde 1860 der Komponist Hugo Wolf geboren; auch Franc Berneker und Jože Tisnika, zwei Avantgardisten der Gegenwart, erblickten hier das Licht der Welt.

Die venezianische Seestadt ist der schönste Ort der Slowenischen Riviera. Verwinkelte Gassen, romantische Plätze und die Seepromenade laden zu Streifzügen ein.

Piran/Pirano

■ A4

TopTen 1

Piran liegt auf einer weit ins Meer vorspringenden Landzunge und wird an drei Seiten von Wasser umspült. Dicht drängen sich die Häuser aneinander, bilden einen Wall gegen die Brandung des Meeres und die kalte Bora. Jeder Fußbreit der Stadt ist ausgenutzt, von der Gotik bis zum Klassizismus bilden die Gebäude ein architektonisch einheitliches Ensemble. Pastellfarbene Palazzi versprühen mediterrane Leichtigkeit, mit groben Quadern gepflasterte Gassen münden in stille, abgeschiedene Plätze. Nordwärts steigt die Stadt zu hohen Klippen an, auf denen die **Georgskathedrale** thront. Geht man ostwärts, sieht man die mit Zypressen und Zedern bepflanzten Hänge von einer mächtigen Wehrmauer flankiert; von dort genießt man einen phantastischen Ausblick auf das Gewirr ziegelroter Dächer und Schornsteine, auf den ovalen **Tartini-Platz** und den Segler- und Fischerhafen.

Der Campanile der Georgskathedrale überragt das alte Zentrum von Piran

Wechselnde Besitzer

Der Name Piran stammt vermutlich vom griechischen Wort pyros (Feuer). Leuchtzeichen wiesen Seeleuten in der Antike den Weg um die felsige Halbinsel. Piran war erst römische Kolonie, dann Teil des Byzantinischen Reiches. 1283 verleibte sich Venedig die aufstrebende Rivalin ein. Für mehr als 500 Jahre verblieb die Stadt unter venezianischer Herrschaft, ertrotzte gleichwohl Handelsprivilegien und lokale Selbstverwaltung. Die Erinnerung an Venedig weckt keinen Groll: Piran profitierte vom weitgespannten Handelsnetz der Serenissima, verschiffte Salz, gedörrten Fisch, Wein und Öl bis an die Levante. Von 1797 bis 1918 war die Stadt in habsburgischem, kurzzeitig auch in französischem Besitz. Danach gehörte sie bis zum Ende des Zweiten Weltkriegs zu Italien, ab 1945 für neun Jahre zu Triest. Als sie Teil Jugoslawiens war (1954–1990), wurden die Rechte der italienischen Minderheit verankert: Zweisprachige Straßenschilder, Schulen und Radiosender verweisen seitdem auf italienische Präsenz.

Die Grenznähe ist deutlich spürbar. Statt zum Beispiel dem slowenischen Abschiedsgruß »nasvidenje« hört man im Supermarkt und Restaurant auch unter den Einheimischen eher ein kurzes italienisches »ciao«. Für die Triestiner ist Piran inzwischen zum häufig besuchten, auch bei Hochzeitspaaren beliebten Wochenendziel geworden.

Die Fangerträge der Fischer in der nördlichen Adria werden immer geringer

Denkmalschutz

Obwohl Piran häufigem Wechsel seiner Herrscher unterworfen war, wirkt das Stadtbild einheitlich, vorwiegend italienisch geprägt. Ganz Piran steht unter Denkmalschutz, wird von Kunstfreunden als Museum im Freien gepriesen. Am Stadteingang sind große bewachte Parkplätze angelegt, von dort verkehren Kleinbusse kostenlos ins Zentrum. Wer gleichwohl mit dem Auto in die Stadt hineinfahren möchte, sollte wissen, daß nach mehr als einer Stunde Parkzeit deftige Gebühren kassiert werden. Hotelgäste können ihr Gepäck zum Hotel fahren, müssen ihr Auto aber dann ebenfalls auf einem der Parkplätze außerhalb des Zentrums abstellen.

Hotels und andere Unterkünfte

Bernardin
Modernes dreistöckiges Hotel auf halbem Weg zwischen Piran und Portorož, kreisförmig an der Stelle einer ehemaligen Klosteranlage erbaut. Ein steinerner, nach venezianischem Vorbild erbauter Glockenturm (1492) blieb erhalten, ebenso die Ruine einer Kapelle. Anlegeplätze für Boote; daneben eine Schwimm-, Tauch- und Surfschule, Kajak- und Kanuverleih.
Obala 2
Tel. 0 66/7 57 71, Fax 7 54 91
273 Zimmer
Obere Preisklasse (Amex, DC, EC, Visa)

Emona Grand Hotel
Komfortables Haus 1 km südlich Piran, terrassenförmig in steilen Fels gebaut. Die Ankunft ist verwirrend: Die Eingangshalle mit Rezeption befindet sich im Dachgeschoß, über 12 Stockwerke gelangt man mit dem Fahrstuhl zur Meerespromenade. Alle Zimmer sind geräumig, haben Klimaanlage, meist auch Balkon zur Meerseite. Das Hotel verfügt über vier Tennisplätze und ein Hallenbad mit erwärmtem Meerwasser.
Obala 2
Tel. 0 66/7 57 71, Fax 7 54 91
254 Zimmer
Obere Preisklasse (Amex, DC, EC, Visa)

Maksimilian
Der kleine, wilde Hintergarten verlieh der Pension inmitten der Altstadt den Beinamen Zeleni gaj (Grünes Paradies). Empfehlenswert sind die Zimmer der I. Kategorie: komfortabel mit Balkon zur Gartenseite. Halbpension ist obligatorisch.
Aškerčeva 4a und 6 / Vidova 33
Tel./Fax 0 66/7 61 69
26 Zimmer, 1 Appartement
Mittlere Preisklasse (EC, Visa)

Piran
Hotel in bester Lage direkt an der Promenade und am Badestrand. Die Mehrzahl der Zimmer hat unverstellten Meerblick.
Stjenkova 1
Tel. 0 66/74 61 10, Fax 74 61 01
70 Zimmer
Mittlere Preisklasse (Amex, DC, EC, Visa)

Tartini
Kleines, neu erbautes Komforthotel am Tartiniplatz; geräumige, in postmodernem Stil eingerichtete Zimmer mit TV-Sat, einige mit Balkon und Blick auf den Bootshafen.
Tartinijev trg 15
Tel. 0 66/74 62 21, Fax 74 63 24
45 Zimmer und Appartements
Obere Preisklasse (Amex, DC, EC, Visa)

Val
Preiswerte Pension mitten in der Altstadt.
Gregorčičeva 38
Tel./Fax 0 66/7 37 73
24 Zimmer
Untere Preisklasse (Amex, DC, EC, Visa)

Spaziergang

Bester Startpunkt zur Erkundung Pirans ist der **Tartini-Platz**, repräsentatives Herzstück der Stadt mit öffentlichen Gebäuden, Straßencafés und venezianischen Palazzi. Zwischen **Tartini-Geburtshaus** und **Peterskirche** gehen Sie den Hang hinauf, über die Bolniška-Straße erreichen Sie die **Franziskanerkirche** mit angeschlossenem Kreuzgang. Nächster Stopp ist die **Maria-Trost-Kirche** aus dem 15. Jh., die mit einem Gemälde des italienischen Meisters Tiepolo aufwartet. An einer markanten Gabelung, von der man rechts zu den Wehrmauern der Stadt gelangt, halten Sie sich links, um der **Georgskirche** einen Besuch abzustatten. Spazieren Sie danach einmal um die Kirche herum, und genießen Sie bei klarem Wetter den Blick auf die Bucht von Triest. Lassen Sie sich dann auf dem Pusterla-Weg hinabtreiben, über verwinkelte

Ein kleiner venezianischer Palazzo am Tartini-Platz

Gassen erreichen Sie die **Küstenpromenade**. Neben dem **Leuchtturm** an der äußersten Westspitze entdecken Sie eine weitere kleine Kirche, nahe dem Milje-Tor stellen Künstler ihre neuesten Werke aus. Der nachfolgende Abschnitt bleibt den Fischrestaurants vorbehalten. Vorbei am Café des Hotels Piran erreichen Sie den **Fischerhafen**, biegen am Haus des einstigen Tartini-Theaters links ein. An der Kidričevo-Promenade können Sie das **Meeresaquarium** und den **Fischmarkt** besuchen, kurz darauf erreichen Sie den Tartini-Platz.

Sehenswertes

Franziskanerkirche und -kloster/Frančiškanska cerkev in samostan
Im Jahr 1301 erbautes Gotteshaus mit geschnitzter Kanzel, rechts vom Eingang ein interessantes Gemälde zur Thematik des Abendmahls. Im romantischen Kreuzgang (Križni hodnik) werden im Sommer – meist freitags und samstags – klassische Konzerte aufgeführt. Links neben der Kirche befindet sich die Kapelle Maria Schnee (Marija Snežna) mit einem von gotischen Fresken verzierten Triumphbogen.

Georgskirche/Crkva Svetog Jurja
Die gotische, barock umgestaltete Kirche thront einer Festung gleich über Piran, beherrscht mit ihrem Glockenturm die Silhouette der Stadt. Sie ist dem Schutzpatron Pirans gewidmet: Eine versilberte Skulptur im Innenraum präsentiert den Heiligen Georg als Drachentöter. Marmoraltäre, venezianische Gemälde und eine Kassettendecke verweisen auf den einstigen Wohlstand der Handelsstadt. Vom Campanile, der dem Markusturm in Venedig nachempfunden ist, genießen Sie einen atemberaubenden Blick über Piran. – Das benachbarte achteckige Gebäude ist ein Baptisterium (1650). Sehenswert ist ein römischer Sarkophag, der als Taufstein genutzt wird.

Peterskirche/Cerkev sv. Petra
1272 erbautes, im 19. Jh. im klassizistischen Stil umgestaltetes Bauwerk mit einem Madonnenbild aus der Tizianschule.

Platz des 1. Mai/Prvomajski trg
Einst das Zentrum Pirans, heute ein ruhiges Refugium. Den barocken Brunnen, über den die Stadt einst mit Wasser versorgt wurde (1776), flankieren zwei Frauenskulpturen,

DER BESONDERE TIP

Terrassenrestaurant Pavel & Pavel Direkt an der Promenade schmecken die Meeresfrüchte doppelt so gut. Bei Pavel werden sie frisch und geschmackvoll serviert. Menüvorschlag: als Vorspeise Fischrisotto mit Scampis und Muscheln, als Hauptgericht eine große Fischplatte, dazu einen der vorzüglichen Weine der Region. Prešernovo nabrežje, Tel. 0 66/74 71 01, Obere Preisklasse (Amex, DC, EC, Visa)

die Gesetz und Gerechtigkeit symbolisieren. Knapp östlich des Platzes befand sich im Mittelalter das jüdische Viertel, an das der Judenplatz (Židovski trg) erinnert.

Stadtmauer/Mestno obzidje
Sieben noch erhaltene Tore künden von der Stärke der mittelalterlichen Befestigungsanlagen, die vor türkischen Angriffen schützen sollten. Die im 15. und 16. Jh. erbaute Mauer erstreckt sich vom nördlichsten Punkt der Halbinsel in Richtung Hafen, riegelt die Stadt zum Landesinneren ab. Besten Ausblick auf Piran gewährt der Mauerabschnitt oberhalb des Parkgürtels, erreichbar über die Straße IX Korpusa.

Tartini-Platz/Tartinjev trg
Zentraler Treffpunkt der Piraner, Kulisse für Theateraufführungen und Konzerte. In seiner Mitte das Denkmal für Giuseppe Tartini, den 1692 hier geborenen Komponisten. An der Nordseite des Platzes befindet sich das klassizistische Rathaus, an das sich zur Linken Post- und Gerichtsgebäude anschließen. In dem pittoresken Eckhaus zur Rechten (15. Jh.) ist die Touristeninformation untergebracht.

Museen und Galerien

Aquarium/Akvarij
In 25 kleinen Aquarien werden Meeresflora und -fauna der Adriaküste vorgestellt.
Kidričevo nabrežje 4
Tgl. 9–20 Uhr

Meeresmuseum Sergej Mašera/Pomorski Muzej Sergej Mašera
In einem klassizistischen Palais aus dem 19. Jh. werden archäologische Funde ausgestellt, dazu Modelle alter Segelschiffe sowie Dokumente zur Geschichte der Salinen.
Cankarjevo nabrežje 3
Di–So 9–12 und 15–18 Uhr
(Juli–Aug. 16–19 Uhr)

Tartini-Museum/Rojstna hiša in muzej Giuseppe Tartini
Der Schöpfer der Teufelstriller-Sonate wurde in einem Palais am Tartiniplatz geboren. Tartini (1692–1770) war nicht nur Komponist, sondern auch hervorragender Violinspieler. Daran erinnert die kostbare Amati-Geige, die nebst anderen persönlichen Gegenständen in einem kleinen Museum zu besichtigen ist.
Tartinjev trg 7 (1. Stock)
Di–So 10–12 Uhr

Im Doppelrestaurant Pavel & Pavel gibt es den leckersten Fisch

Essen und Trinken

Delfin
Restaurant mit einheimischen Fischspezialitäten, z. B. Drachenkopf mit Kartoffeln, dazu gibt es einheimischen Wein.
Kosovelova 4
Tel. 0 66/74 62 56
Mittlere Preisklasse

Galeb
Terrassenrestaurant abseits der Touristenströme an der Nordseite der Punta. Empfehlenswert: gegrillter Tintenfisch in Knoblauchsoße und Risotto mit Meeresfrüchten.
Pustarla 5
Tel. 0 66/7 65 05
Di geschl.
Mittlere Preisklasse

Mario
Gasthaus nahe dem zentralen Platz mit istrischen Fischspezialitäten.
Kajuhova ulica 6
Tel. 0 66/7 31 03
Mi geschl.
Mittlere Preisklasse

Neptun
Kleines, elegantes Restaurant mit intimer Note. Der Besitzer ist Weinliebhaber und hat fast jede slowenische Marke auf Lager.
Župančičeva 7
Tel. 0 66/74 61 00
Mittlere Preisklasse (Amex, DC, EC, Visa)

Tri Vdove
Das auf der ehemaligen Stadtmauer erbaute Terrassenrestaurant »Zu den drei Witwen« gehört heute der Hotelkette von Piran und bietet schmackhafte Fischgerichte.
Prešernovo nabrežje
Tel. 0 66/74 63 99
Obere Preisklasse (Amex, DC, EC, Visa)

Verdi
Ein Lokal in den verwinkelten Gassen der Punta: klein und fein, Hausspezialität ist gefüllter Tintenfisch nach Triester Art.
Verdijeva 18
Tel. 0 66/7 51 94
Mi geschl.
Mittlere Preisklasse (Amex, DC, EC, Visa)

Am Abend

Porta Campo Bar
Hier trifft sich ein junges und alternatives Publikum, auch Schwule sind willkommen. Drinks und Cocktails zu Blues, Funk und Acid Jazz.
IX Korpusa 9

Pub Cantina
Einfach, doch immer gut besucht: ein Treffpunkt der Einheimischen.
Prvomojska 10

Pub Da Noi
Rock und Underground, mittwochs spezielle Feste.
Prvomojski trg 7
Mo geschl.

Service

Auskunft

Turistbiro Piran
Zentrale Touristeninformation, nur in der Hauptsaison geöffnet. Auch Privatzimmer-Vermittlung.
Tartinijev trg 4
6330 Piran
Tel. 0 66/74 63 82, Fax 74 60 47

Maona Tourist Agency
Ganzjährig geöffnet.
Cankarjevo nabrežje 7
6330 Piran
Tel./Fax 0 66/74 62 28

Ausflugsziele

Fiesa ■ A 4

Am schönsten erreicht man Fiesa zu Fuß: Von der Piraner Georgskirche führt ein knapp 1 km langer, romantischer Küstenweg zur Nachbarbucht. Eine Handvoll Häuser schmiegt sich an die mit Olivenbäumen bewachsenen Hänge. An den Kieselstrand schließt sich eine Brackwasserlagune an, Lebensraum für seltene Tiere und Pflanzen. Rote und blaue Libellen umschwirren den See, im Spätsommer wird er Zufluchtsort von Wandervögeln, die gen Süden ziehen.

Hotel/Camping

Fiesa
Kleines, 1995 renoviertes Hotel mit angeschlossenem Campingplatz. Die schönsten Zimmer befinden sich im 3. Stock mit großem Balkon und Meerblick. Das Restaurant ist auf Meeresfrüchte spezialisiert.
Fiesa 57
66300 Piran
Tel./Fax 0 66/7 34 73
21 Zimmer
Mittlere Preisklasse (EC, Visa, Amex)

Hrastovlje ■ B 5

TOPTEN 8

Malerisches Karstdorf über dem Tal von Rižana, 25 km östlich von Piran. Seine Kirche ist von einer Mauer umgeben, die sie dereinst vor türkischen Überfällen schützen sollte. Im Innern der Kirche sind wertvolle Fresken verborgen. Hier hat im Jahr 1490 Meister Ivan aus Kastav seiner Phantasie freien Lauf gelassen. Das Deckengewölbe des Hauptschiffs zeigt die Schöpfungsgeschichte und die Vertreibung aus dem Paradies. Medaillons auf den Decken der Seitenschiffe illustrieren bäuerliche Arbeiten im Wechsel der Jahreszeiten. Berühmt ist vor allem ein Gemälde an der Südwand. Der Totentanz entpuppt sich als Panoptikum mittelalterlicher Stände: Der unerbittliche Tod nimmt den entsetzten König bei der Hand, macht selbst vor Papst und Kardinal nicht halt. Er läßt sich nicht vom Kaufmann bestechen und auch nicht vom Adelsherrn beeindrucken. Bauer und Bettler werden abgeführt, selbst ein kleines Kind wird aus dem Krankenbett ins Jenseits gezerrt. Bei verschlossener Kirchentür gehen Sie bitte zum Haus Nr. 30, dort erhalten Sie den Schlüssel!

Die expressiven Fresken in der Kirche von Hrastovlje geben Einblicke in mittelalterliches Denken

Izola/Isola ■ A4

Lebhaftes Küstenstädtchen 10 km östlich von Piran. Sein Name (Izola = Insel) verrät, daß es dereinst vom Festland abgetrennt war. Rund um das Rathaus finden Sie venezianische Palazzi mit reichdekorierter Fassade. Besonders schön sind das **Manzioli-Haus** (15. Jh.) und das **Lovisato-Haus** (16. Jh.); der **Barockpalast Besenghi degli Ughi** besticht durch verspielte Stukkaturen und schmiedeeiserne Gitter. Beherrscht wird die Altstadt vom Glockenturm der **Mauruskirche**, die kostbare Gemälde von Santacroce beherbergt.

Essen und Trinken

Ribič
An der Hafenpromenade gelegenes Fischrestaurant mit Terrasse, auch bei Einheimischen beliebt.
Veliki trg 3
Tel. 0 66/6 20 33
Untere Preisklasse

Koper/Capodistria ■ A4

Hafenstadt mit über 40 000 Einwohnern, administratives und wirtschaftliches Zentrum der Region. Architektonisch beeindruckend ist die Altstadt, die sich auf einer ehemaligen Insel erstreckt. Von der reichen Geschichte der Stadt zeugen die Fassaden der Paläste, die berühmte **Čevljarska-Straße**, der **Marktplatz** mit **Rathaus**, **Kathedrale** und **Loggia**. Das Rathaus, der einstige Prätorenpalast (1348), erinnert mit seinen bezinnten Türmen und hochangesetzten Balkonen an eine Festung. Hier tagte der vom venezianischen Dogen ernannte Stadtpremier. Die benachbarte Kathedrale stellt ein typisches Beispiel venezianischer Gotik dar. Im Innenraum finden Sie Gemälde des berühmten Renaissance-Malers Vittorio Carpaccio, darunter eine melancholische Madonna mit dem Kind aus dem Jahr 1516. Vom Kirchturm genießen Sie einen weiten Blick über Küste und Karst.

Von den Hügeln bei Izola hat man einen weiten Blick über den Ort und die Bucht

Hotel

Adria
Zweistöckiges Hotel im Ambiente des ehemaligen Benediktinerklosters, das später als Sommerrefugium der Adelsfamilie Madonuzza diente. Es liegt inmitten weiträumiger Grünanlagen mit Zypressen, Palmen und Lorbeerbäumen. Auch kleine Häuser und Bungalows können angemietet werden. Stets gut besucht ist der moderne Campingplatz in Ufernähe (780 Stellplätze, geöffnet Mai–Sept.). Für Kinder gibt es einen großzügig gestalteten Spielplatz, daneben Tennis, Tischtennis und Minigolf.
Jadranska 25
6280 Ankaran
Tel. 0 66/52 84 50, Fax 52 83 21
464 Betten
Mittlere Preisklasse

Korte ■ A 5

10 km südöstlich von Piran gelegenes Bergdorf. Der Weg dorthin führt an der 271 m hoch gelegenen **Burg Kaštelir** vorbei, in deren Mauern der Schatz des Attila versteckt sein soll. Korte konnte sich dank jahrhundertelanger Abgeschiedenheit sein mittelalterliches Aussehen lange bewahren. Einer Trutzburg gleich drängen sich die Höfe auf einem schmalen Bergrücken; auf terrassierten Hängen wachsen Olivenbäume und Weinreben. In den vergangenen Jahren begann der Fortschritt freilich auch in Korte Einzug zu halten. Die einen beklagen die Ansiedlung von Gewerbe, die anderen betonen den damit verbundenen Gewinn: Die Landflucht ist gestoppt, Jugendliche bleiben wieder im Dorf.

Krkavče ■ B 4

»Auf Fels erbautes Dorf«: Mit diesem Namen schmückt sich eine Ortschaft 20 km östlich von Piran, deren Ursprünge bis in die Zeit der Kelten zurückreichen und die archaischen Charakter bewahrt. Häuser aus unverputztem Stein säumen die engen, in nackten Fels geschlagenen Gassen. In Südwestrichtung schaut man ins Tal der Dragonja hinab, das die heutige Grenze zu Kroatien markiert. Wichtigste Sehenswürdigkeit: ein 1,50 m großer, keltischer Bildstock aus dem 2. Jh. v. Chr., der menschliches Leiden versinnbildlicht und das Motiv des gekreuzigten Christus vorwegnimmt.

Portorož/ Portorose ■ A 4/A 5

Rosenhafen: schöner Name aus einer Zeit, da der Ort noch renommiertes Kurbad der k.u.k. Monarchie war. Um die Jahrhundertwende entstanden hier neben den Thermalbädern die ersten Hotels, allen voran 1911 das herrliche Grand Hotel. Heute ist Portorož das touristische Zentrum der Slowenischen Riviera, viele Hotels säumen die Uferstraße und verstreuen sich über grüne, sanft ansteigende Hänge. Die Stadt verfügt über einen etwa 1 km langen, hellen und mit Sand aufgeschütteten Strand. Im Yachthafen, dem größten der Adria, ankern Segelschiffe aus aller Welt, vom Flugplatz bei Sečovlje starten Sportmaschinen zu kurzen Rundflügen. Unterhaltung wird großgeschrieben: Nachtklubs und Discos locken ein meist jüngeres Publikum an, im traditionsreichen Casino trifft sich die slowenische Geschäftswelt.

Hotels und andere Unterkünfte

Grand Hotel Palace
Herzstück der gleichnamigen Ferienanlage und beliebtes Kongreßzentrum. Das Haus ist mit den berühmten Thermen verbunden, die angeschlossene Schwimmhalle steht allen Hotelgästen zur Verfügung.
Obala 45
Tel. 0 66/7 472 48, Fax 74 71 88
204 Zimmer
Obere Preisklasse (Amex, DC, EC, Visa)

Lucija
Besonders gastfreundliches Hotel. Alle Zimmer mit Balkon und schönem Ausblick. Mit dem Hotelausweis haben Sie freien Zutritt zu allen Einrichtungen des Grand Hotel Metropol.
Obala 77
Tel. 0 66/74 63 18, Fax 74 63 19
117 Zimmer
Mittlere Preisklasse (Amex, DC, EC, Visa)

Residence Palma
Ein ruhiges und attraktives, am Waldhang gelegenes Hotel 300 m oberhalb des Busbahnhofs.
Strma Pot 1
Tel. 0 66/7 30 12, Fax 7 45 02
12 Zimmer, 2 Appartements
Obere Preisklasse (EC, Visa)

Riviera
Ein bei deutschen Gästen beliebter Hotelkomplex, bestehend aus drei fünf- bis achtstöckigen Häusern.
Obala 33
Tel. 0 66/7 30 51, Fax 7 66 03
200 Zimmer
Mittlere Preisklasse

Camping Lucija
Nahe dem großen Yachthafen südlich Portorož, mit über 200 m langem Strand. Die sanitären Einrichtungen lassen zu wünschen übrig.
Seča s/n
Tel./Fax 0 66/7 10 27
600 Stellplätze
Untere Preisklasse

Essen und Trinken

Marina
Restaurant im modernen Yachthafen mit köstlichen Fischspezialitäten. Unter den Fleischgerichten ist das istrische Medaillon salta in bocca zu empfehlen.
Cesta solinarjev 8
Tel. 0 66/47 11 00, Fax 47 15 10
Obere Preisklasse (Amex, DC, EC, Visa)

Service

Auskunft

Turist Biro
Obala 16
6320 Portorož
Tel. 0 66/74 70 14, Fax 74 70 10

Panoramaflug
Der kleine Flughafen befindet sich 6 km südlich von Portorož, am Rande der Salinen. Urlauber können von hier auch zu Ausflügen nach Lipica, zur Grotte von Škocjan und zum Triglav starten. 50 % Ermäßigung für Kinder von 2–12 Jahren.
Aerodrom Portorož
6333 Sečovlje
Tel. 0 66/7 90 01, Fax 7 92 15

Yachthafen
Mehr als 1000 Liegeplätze für Boote bis zu 22 m Länge und einem Tiefgang bis zu 3,5 m.
Marina Portorož
Cesta Solinarjev 8
Tel. 0 66/47 11 00, Fax 47 15 10

Raven ■ A 5

Von der Hauptstraße Piran–Sečovlje führt eine Abzweigung ins 22 km entfernte Karstdorf Raven, auf einigen Karten auch als Sveti Peter vermerkt. Seit dem Mittelalter leben seine Bewohner von Wein- und Olivenanbau. Von ihrem Alltag kündet ein sehenswertes **ethnographisches Museum**, das im romanischen **Tonina-Haus** untergebracht ist (Tonina hiša v Sv. Petru, Mo und Mi 9–12, Sa und So 14–17 Uhr).

Seča/Sezza ■ A 5

Ortschaft auf gleichnamiger Halbinsel 6 km südöstlich von Piran. Alljährlich trafen sich hier Bildhauer aus verschiedenen Nationen, um Erfahrungen auszutauschen und zu experimentieren. Im **Skulpturenpark Forma Viva** sind die Werke der Bildhauer ausgestellt, zumeist ausgeführt in istrischem Marmor.

Südwärts schließen sich bis zur kroatischen Grenze die **Salinenfelder von Sečovlje** (Sicciole) an. Ein **Museum** informiert über ihre Geschichte (Muzej solinarstva, Di, Mi 9–12, Do, Fr 9–12 und 14–17, Sa, So 14–17 Uhr). In Sečovlje wird bereits seit dem 13. Jh. Salz gewonnen – zu damaliger Zeit ein Luxusgut, weshalb Venedig, das über eigene Salzvorkommen verfügte, alles daran setzte, die konkurrierenden Kaufleute aus dem nordostadriatischen Raum gefügig zu machen. Der Salzhandel trug in der Folgezeit, nun unter venezianischer Herrschaft, stark zum wirtschaftlichen und kulturellen Aufschwung der Küstenstädte bei. Wer heute einen Spaziergang durch die übriggebliebenen Salinenfelder unternimmt, staunt vor allem über die ungewöhnlichen Pflanzen und Vögel, die sich hier erhalten.

Essen und Trinken

Ribič
Restaurant mit Garten südlich des Skulpturenparks. Vorzügliche Fisch- und Fleischgerichte.
Seča 143
Tel. 0 66/7 07 90
Di geschl.
Mittlere Preisklasse

Žekar
Schon mehrfach wurde dieses Restaurant für seine gastronomischen Leistungen ausgezeichnet. Offeriert werden erlesene Fischgerichte.
Seča 70
Tel. 0 66/7 39 05
Mo geschl.
Obere Preisklasse (Amex, DC, EC, Visa)

Strunjan/ Strugnano ■ A 4

Ruhiger Ferienort an geschützter, malerischer Bucht mit vielen Sportanlagen. Er liegt an der Autostraße von Portorož nach Isola etwa 4 km östlich von Piran. Mit charakteristischer mediterraner Vegetation, Salinen und Austernzucht. Sehenswert ist die nördlich gelegene Steilküste im Umkreis von Kap Ronek.

Hotel

Svoboda
Nördlich der Stadt gelegenes Kurhotel mit attraktivem Hallenbad, das Strandbad liegt 250 m entfernt. Der nahe Kiefernwald lädt zu Spaziergängen ein.
Strunjan 148
6323 Strunjan
Tel. 0 66/7 88 82, Fax 7 86 18
204 Betten
Obere Preisklasse (Amex, DC, EC, Visa)

Faszinierende Märchenlandschaft im Karst: Postojna birgt eine der größten Tropfsteingrotten der Welt, geschaffen aus Wasser und Kalk in Millionen von Jahren.

Postojna/ Adelsberg

■ B 4

TOPTEN 6

Postojna entstand an einem Durchbruch zwischen den 1000 Meter hoch aufragenden Gebirgszügen Hrušica und Javorniki. Die Adelsberger Pforte stellte lange Zeit den bequemsten Weg zwischen Donauraum und Adria dar und war, wie die antike Argonautensage berichtet, schon Jason und seinen Kriegern bekannt. Auf der sich westlich anschließenden Pivka-Ebene teilten sich die Wege: der eine führte nach Triest, der andere nach Rijeka. An eben dieser Stelle entstand eine Burg, die von den Römern zu einem Kastell erweitert wurde. Schriftlich wurde der Ort erstmals 1226 als Besitz des Patriarchen von Aquilea erwähnt. Später fiel er an die Grafen von Gorizia, 1371 erwarben ihn die Habsburger.

Der Aufschwung zum weltbekannten Adelsberg setzte mit dem Höhlentourismus ein. Zwar war der Eingang zur Höhle schon seit dem Mittelalter bekannt,

In Sloweniens Karstlandschaft findet man die weltgrößten Höhlensysteme

doch gründlich erforscht wurde sie erst 1818. Knapp 40 Jahre später, mit Fertigstellung der Eisenbahnlinie Wien–Triest, setzte ein wahrer Besucherstrom ein. Mit Fackeln ausgerüstet stiegen die abenteuerlustigen Gäste in die Tiefe, erlabten sich an den Schrecken der Unterwelt. Im Jahr 1874 wurde eine kleine Höhlenbahn eingeweiht, sicher geleitete sie die Besucher durch die mittlerweile elektrisch erleuchteten Gänge.

Das Stadtrecht erhielt Adelsberg vom österreichischen Kaiser Franz Joseph im Jahr 1909 – ein Datum, auf das ältere Bewohner noch heute nostalgisch zurückblicken. Nach dem Untergang der Habsburger Monarchie 1918 gehörte der Ort zu Italien, nach dem Zweiten Weltkrieg wurde er Jugoslawien zugesprochen. Damals erhielt er jene Bezeichnung, die er im slowenischen Volksmund schon lange innehatte: Postojna, benannt nach den Postträgern, die mit ihren großen Taschen (= postojna) den langen Weg ins geheimnisvolle, von dichten Wäldern abgeschirmte Adelsberg antraten. Heute ist Postojna eine moderne Stadt, in der sich, gäbe es die Tropfsteinhöhlen nicht, Touristen kaum länger aufhalten würden. So aber ist sie aufgerückt zu einem Publikumsmagneten, aufgrund ihrer Lage auch ein guter Standort zur Erkundung des Karst. Leicht erreicht man von hier die Burg Predjamski Grad sowie die gleichfalls bekannten **Höhlen** von **Pivka**, **Planina** und **Škocjan**.

Unterirdische Wunder

Der Eingang zur Postojna-Höhle befindet sich 1,5 Kilometer nordwestlich vom Stadtzentrum. Von dem 20 Kilometer langen Höhlensystem sind fünf Kilometer für Besucher zugänglich. Mit bis heute etwa 25 Millionen Besuchern gehört sie zu den meistbesuchten Höhlen der Welt. Der Bildhauer Henry Moore nannte sie die »wunderbarste Galerie der Natur«. Hier präsentiert sich ein unglaublicher Reichtum an Formen und Farben: Tropfsteine, die aus dem Boden wachsen und von der Decke hängen; zu Vorhängen gefalteter Stein und zu Kaskaden erstarrter Kalk. Mit etwas Phantasie lassen sich die Figuren als Kobolde und Ungeheuer deuten; zerborstener Fels zeigt, welche Naturgewalten hier am Werk sind.

In dem Reich ewiger Dunkelheit behaupten sich nur wenige Lebewesen. Neben einigen Fledermausarten zählt dazu der Grottenolm, der sich in den unterirdischen Flüssen tummelt und lange Zeit ohne Nahrung auskommt. Biologen gaben dem bis zu 30 Zentimeter großen Tier den hochtrabenden Namen Proteus anguinus, dies bedeutet: Gott der Meerestiere, schlangenförmiges Wesen. Zuweilen wird er über 100 Jahre alt; sein langgestreckter Körper ist fast transparent, die Augen sind verkümmert, da sie das Tageslicht nie erblickten. Durch Wasserverschmutzung sind diese besonderen Tierchen allerdings sehr bedroht.

Hotels und andere Unterkünfte

Hudičevec
Schön gelegene Pension 10 km westlich von Postojna.
Razdrto 1
6225 Hruševje
Tel. 06 09/62 69 90, Fax 0 67/5 80 98
10 Zimmer
Untere Preisklasse

Jama
Nur 100 m vom Eingang der Postojna-Höhle gelegenes Hotel mit komfortablen Zimmern. Das Haus verfügt über Vinothek und Disco, Hallenbad und Sauna.
Jamska cesta 28
6230 Postojna
Tel. 0 67/2 41 68, Fax 2 44 31
143 Zimmer
Mittlere Preisklasse (Amex, DC, EC, Visa)

Kras
Nahe dem zentralen Titov trg gelegenes Hotel mit behaglich eingerichteten Zimmern. Nahebei befindet sich das Karstmuseum.
Tržaška cesta 1
6230 Postojna
Tel. 0 67/2 40 71
54 Zimmer
Mittlere Preisklasse (EC, Visa, Amex)

Pivka Jama
Ferienanlage 4 km nördlich Postojna in einem hellen Kiefernwald. Mit einem Campingplatz, 20 Bungalows und 4 Appartements; der Eingang zur Pivka-Höhle befindet sich direkt auf dem Campingplatz. Vor Ort gibt es ein gutes Restaurant, Pool und Fahrradverleih.
6230 Postojna
Tel. 0 67/2 53 82, Fax 2 44 31
250 Stellplätze
Geöffnet Mai–Mitte Sept.
Untere Preisklasse (EC, Visa, Amex)

Höhlenspaziergang

Eine offene Bahn führt Sie 3,5 km durch den östlichen Grottenarm, vorbei an der **Großen Kathedrale** und dem **Kongreßsaal**. Rasch wird die Luft feucht, die Höhlentemperatur fällt auf 8° C. Warme Bekleidung und wasserfeste Schuhe sind daher empfehlenswert.

TopTen 6

Von der unterirdischen Bahnstation am **Hohen Berg** wandern Sie mit einem Führer 1,7 km durch geheimnisvoll erleuchtete Grotten und Gänge. Mal hören Sie das Rauschen eines unterirdischen Flusses, dann wieder herrscht Stille, die nur durch das Geräusch herabfallender Tropfen unterbrochen wird. Über die **Russische Brücke** gelangen Sie in den Gang der **Schönen Höhlen**, der durch mineralische Ablagerungen vielfarbig aufleuchtet. In südlicher Richtung setzen Sie den Weg fort, spazieren durch den **Gang der Brillanten**, der seinen Namen einem großen weiß-kristallenen Stalagmiten verdankt. Daran schließt sich der **Konzertsaal** an, in dem aufgrund seiner ausgezeichneten Akustik häufig musikalische Kostproben geboten werden. In einem Wasserbecken sind rosa-transparente Grottenolme zu entdecken; im Volksmund wurden sie einst kleine Drachen genannt. Schließlich erreichen Sie einen See, aus dem feuchte Dämpfe aufsteigen. Hier besteigen Sie die Bahn, die Sie wieder ans Tageslicht bringt.
Postojnska jama turizem
Jamska cesta 30
6230 Postojna
Tel. 0 67/2 50 41, Fax 2 48 70
Dauer: 1 1/2 Stunden
Stündlich 9–18 Uhr, in der Vor- und Nachsaison nur drei- bis fünfmal tgl.
Eintritt ca. 20 DM, Kinder von 6–14 Jahren zahlen die Hälfte

Museen

Karstmuseum/Notranjski kraški muzej
Informationen zur geologischen Entstehung des Karst und zur menschlichen Besiedlung der Höhlen.
Notranjski kraški muzej
Titov trg 2

Modrijan Mühle/Modrijanov Mlin
Aufgrund ständiger Überflutungsgefahr war die Mühle jahrhundertelang das einzige Gebäude zwischen Postojna und Veliki Otok. Heute beherbergt sie eine Galerie und einen Weinkeller.
Jamska 30
Mai–Sept. 11–16 Uhr

Essen und Trinken

Jamski Dvorec
Großes Restaurant rechts vom Höhleneingang mit dem wohlklingenden Namen Höhlenpalais. Besonders zu empfehlen: Karstschinken mit Oliven und Jama-Spieß.
Jamska cesta 30
Tel. 067/24168, Fax 24431
Mittlere Preisklasse (Amex, DC, EC, Visa)

Lovec
Zentral gelegenes Gasthaus mit guter Hausmannskost.
Tržaška cesta 12
Tel. 067/24773
Untere Preisklasse

Service

Auskunft

Turist Biro Postojna
Auch Privatzimmer-Vermittlung.
Tržaška cesta 4
Tel./Fax 067/24477

Turist Biro Kompas
U. a. Privatzimmervermittlung.
Titov trg 2a
Tel. 067/24281, Fax 25251

Ausflugsziele

Cerkniško Jezero/ Zirknitzer See ■ B4

Periodischer See, 20 km südöstlich von Postojna. Alljährlich ereignet sich hier ein weltweit einmaliges Naturschauspiel: Für die Dauer von neun Monaten breitet sich im Tal ein flacher, 26 qkm großer See aus, der zahlreichen Wasser- und Sumpfvögeln als Rastplatz dient. Im Winter fahren Kinder auf der vereisten Fläche Schlittschuh, im Frühling gleiten Boote über das Wasser. Im Sommer freilich sucht man den See vergebens: An seiner Statt wogen Kornfelder und Blumenwiesen.

Die Erklärung für sein Verschwinden ist einfach: Der See besitzt einige Zuflüsse, doch keinen Abfluß; Tage und Wochen braucht das Wasser, um im porösen Karstboden zu versickern. Versiegen die Bäche, so verschwindet auch der See. Erst durch herbstliche Regenfälle füllt er sich wieder – das Wasser staut sich in den Poren des Karst. Nach der Vereisung im Winter wird er durch Schmelzwasser aufgefrischt, um alsbald ein weiteres Mal zu versiegen…

Ilirska Bistrica/ Illyrisch-Freistritz ■ B 4

Kleine Industriestadt in landschaftlich reizvoller Umgebung, 33 km südlich von Postojna. Westlich der Stadt schwingen sich die Hügel des Brkini-Gebirges zu einer Höhe von 800 m auf. Die Gegend ist kaum besiedelt, Wälder und Weiden laden zu ausgedehnten Spaziergängen ein. Östlich der Stadt steigt das gebirgige Terrain bis zum 1796 m hohen Snežnik (Schneeberg) an, der eine phantastische Aussicht auf die istrische Halbinsel eröffnet. Bester Ausgangspunkt, um ihn zu erklimmen, ist der südwestlich an seinem Fuß gelegene Ort Sviščaki (mit Schutzhütte). Das gesamte Gebiet zwischen Ilirska und Snežnik steht unter Naturschutz: Die hier entspringende Reka speist eine Vielzahl von Bächen, durch die urwaldartigen Wälder stromert der in Europa mittlerweile rar gewordene Braunbär.

Lipica/Lipizza ■ B 4

Ehemaliges Hofgestüt der habsburgischen Monarchie, 37 km südwestlich von Postojna. Seit über 400 Jahren werden hier die weltberühmten Lipizzaner gezüchtet. Führungen durch das Gestüt werden das ganze Jahr über arrangiert, Kostproben klassischer Reitkunst nur vom 1. Mai bis 30. Sept. (meist Di, Fr und So). In dem weitläufigen, malerisch gelegenen Gestüt können Pferdefreunde auch Ferien im Sattel buchen. Außer Reitunterricht und Dressurkursen werden Ausritte auf edlen Lipizzanern organisiert.

TOPTEN 7

Hotel

Klub Lipica
Das schönere und ruhigere der beiden Hotels von Lipica. Seine Gäste können alle Einrichtungen des Nachbarhotels Maestoso mitbenutzen: Spielcasino, Hallenbad, Tennis und Golf.

DER BESONDERE TIP

Bootsexpedition in der Križna Jama (Kreuzberghöhle)
Wagemutige Höhlenfans können per Boot die Kreuzberggrotte erforschen, eine der schönsten Wasserhöhlen der Welt, 34 km östlich von Postojna (bei Bloška Polica rechts abzweigen 1 km Richtung Lož). Hier hat ein unterirdischer Fluß fast zwei Dutzend grünlich schimmernde Seen geschaffen, die von bizarren Tropfsteinen gesäumt sind. Gruppen bis zu 7 Personen werden von einem Führer geleitet, der Preis für 4 Stunden Bootsfahrt beträgt pro Kopf 80 DM (inkl. wasserdichter Bekleidung, Helm und Lampe). Information und Voranmeldung bei: Alojz Troha, Bloška Polica 7, 1384 Grahovo, Tel. 0 61/79 81 49 ■ C 4

Lipica 5
6210 Sežana
Tel. 0 67/7 26 17, Fax 7 28 18
80 Zimmer
Obere Preisklasse (Amex, DC, EC, Visa)

Nova Gorica/ Gorizia ■ A3

Slowenisch-italienische Grenzstadt 62 km nordwestlich von Postojna. Nach dem Zweiten Weltkrieg wurde die Staatsgrenze quer durch Gorica gezogen, Jugoslawien erhielt den östlichen Teil der Stadt zugesprochen. Sehenswert sind einzig das **Franziskanerkloster Kostjanevica** (nicht zu verwechseln mit dem gleichnamigen Kloster im Südosten des Landes) sowie die **Museumsburg Kromberk** 2 km östlich des Stadtkerns. Großer Beliebtheit erfreuen sich die beiden Spielcasinos, die auf slowenischer Seite eingerichtet wurden. Sie befinden sich in den Hotels Perla und Park, locken u. a. mit American & French Roulette, Black Jack, Poker und Bingo.

13 km nordwestlich der Stadt liegt die malerische **Weinlandschaft Goriška Brda**. Ihr Zentrum ist das **Renaissanceschloß Dobrovo**, worin sich eine ständige Gemäldeausstellung des international anerkannten slowenischen Malers Zoran Mušič befindet. Das Schloß wartet auch mit einem ausgezeichneten Restaurant und einer reichbestückten Vinothek auf.

Hotel

Perla
Durchgestyltes Vier-Sterne-Hotel mit einem exquisiten französischen Restaurant. Der Nightclub lockt mit Live-Musik und Laserdisco, im Spielcasino trifft man vor allem Italiener.
Kidričeva 7
5000 Nova Gorica
Tel. 0 65/2 88 30, Fax 2 88 86
94 Zimmer, 11 Suiten
Obere Preisklasse (Amex, DC, EC, Visa)

Die weißen Lipizzaner wurden zum repräsentativen Symbol der k.u.k. Monarchie

Essen und Trinken

Grad Dobrovo
Schloßrestaurant inmitten von Weinbergen mit ausgezeichneter italienisch-slowenischer Küche.
Grajska cesta 10
5212 Dobrovo
Tel. 0 65/4 57 50
Mo und Di geschl.
Obere Preisklasse

Predjamski Grad/ Burg Luegg ■ B 4

Skurrile Höhlenburg 10 km nordwestlich von Postojna. Wie ein Adlerhorst ist sie in eine 120 m hohe Felwand gekerbt. Das Gebäude aus dem 16. Jh. läßt nicht ahnen, daß die Burg einst weit in die gigantische Höhle hineinragte: ein grandioses Versteck, das durch geheime Gänge mit der Außenwelt verbunden war. Geschichtenerzähler wissen von einem sonderbaren Ritter zu berichten, der im 15. Jh. hier lebte und als slowenischer Robin Hood landesweit Ruhm erwarb. Er überfiel Handelskarawanen und behielt die Beute nicht für sich, sondern vergab sie an die Landbevölkerung. Die Armen liebten ihn, den Reichen war er ein Feind. Nachdem er am Wiener Hof aufgrund des Mordes an einem Feldmarschall zum Tode verurteilt wurde, sandte der Kaiser Truppen aus, das Urteil zu vollstrecken. Ritter Erasmus Luegger zog sich auf seine Burg zurück und ward über Geheimgänge von Freunden versorgt. Ein Jahr trotzte er den Belagerern – und verhöhnte seine Verfolger so manches Mal, indem er bestes Fleisch vor ihre Füße warf. Und wäre er nicht von einem bestechlichen Diener verraten worden, hätte er noch viele Jahre weiterwirken können…

Die Burg hat in der Folge noch oft ihre Besitzer gewechselt. Heute dient sie als Museum, es werden Gemälde und Skulpturen, Waffen und Jagdtrophäen ausgestellt. Außerdem besteht in den Monaten Juni–Sept. die Möglichkeit, in das Höhlenystem vorzudringen, in dem Erasmus gelebt haben könnte. Erwachsene zahlen für den Besuch 10 DM, Kinder die Hälfte (10–17 Uhr, im Winter Mo geschl.).

Rakov Škocjan ■ B 4

Faszinierendes Naturschutzgebiet 10 km östlich von Postojna. Zwei Naturbrücken über dem Karstbach Rak erinnern daran, daß sich hier einst ein großes Höhlensystem befand. Ein etwa zweistündiger Spaziergang durch das Tal verbindet die Brücken: Unter der Brücke **Mali naravni most** befindet sich die Quelle des Flusses, unter der Brücke **Veliki naravni most** taucht er in eine dunkle Höhle ab.

Škocjanske Jame/Höhlen von St. Kanzian ■ B 4

TopTen 3

Phantastische Höhlen im Herzen des Karst, 30 km südwestlich von Postojna: weniger berühmt, doch nicht minder spektakulär als die Adelsberger Grotten. Auf Brücken und in den Fels geschlagenen Steigen folgt der Besucher dem unterirdischen Lauf der Reka, bis sie abtaucht in die Dunkelheit und erst über 30 km westlich, fast schon am Golf von Triest, erneut ans Tageslicht tritt.

Wer mit dem Auto unterwegs ist, erreicht die Höhle am leichtesten über die von Divača nach Koper führende Straße: nach 3 km links

abbiegen, dann 2 km auf einer Nebenstraße direkt zum Höhleneingang.
Besichtigung tgl. 10–15.30 Uhr (April, Mai, Okt.), 10–17 Uhr (Juni–Sept.), im Winter nur an Sonn- und Feiertagen 10 und 15 Uhr

Štanjel ■ A4

Perle des Karst, 25 km nordwestlich von Postojna. Die mittelalterliche Stadt ist terrassenförmig in den Hang gebaut, kopfsteingepflasterte Gassen winden sich um Häuser aus grauem Gestein. Überragt wird Štanjel vom minarettartigen Glockenturm der **Danielskirche**, die im 17. Jh. erbaut wurde. Sehenswert ist auch die **Renaissanceburg** der Grafen Kobenzl, in der heute Graphiken und Gemälde des Künstlers Lojze Spacal ausgestellt sind. An der Kasse erhalten Sie den Schlüssel für das **ethnologische Museum**, das in einem romanischen Karsthaus untergebracht ist (Kraška hiša).

Vipava/Wippach ■ B3

Kleine Weinstadt 29 km nordwestlich von Postojna. Hier entspringen die Vipavaquellen, die dem fruchtbaren Tal am Fuß des Karstgebirges seinen Namen verliehen.

Essen und Trinken

Vipavski Hram
In der Vinothek des Schlosses Lantieri kann bester slowenischer Wein gekostet werden; im Restaurant deftige Lokalspezialitäten.
Vinarska cesta 5
65271 Vipava
Tel. 0 65/6 50 11, Fax 6 52 15
Mittlere Preisklasse

Zemono Dvorec
Die Fortsetzung der Weinprobe empfiehlt sich im 2 km nördlich gelegenen Weiler Zemono.
65271 Zemono
Tel. 0 65/6 51 55
Tgl. außer Mo und Di 12–22 Uhr
Obere Preisklasse

Eines der meistbesuchten Dörfer im Karstgebiet: das fast verlassene Dorf Štanjel

Man ahnt kaum, wieviel Naturschönheiten das Land zwischen Alpen und Adria bietet. Eingesprengt sind Kirchen, Klöster und Burgen.

Autofahrern seien zwei Routen empfohlen, auf denen sie die kontrastreiche Landschaft Sloweniens erleben können. Besonders spektakulär ist die **Alpen-Adria-Tour**: Hier wird der Westen des Landes durchfahren – in raschem Wechsel erleben Sie grandiose Alpentäler, Karstplateaus und venezianische Küstenstädte. Alternativ wird die **Weinstraße** im Osten des Landes vorgestellt: reizvoll für alle, die das romantische Ambiente von Rebhügeln und Wäldern lieben. Näher an Land und Leute rücken Radfahrer und Wanderer heran. Die beschriebene Radroute führt durch die **Bela** und **Suha Krajina**, die am wenigsten erschlossene Region des Landes. Wanderer begeistern sich für die **Julischen Alpen**, wo man stundenlang laufen kann, ohne von Motorengeräuschen aufgeschreckt zu werden. Der Weg startet am See von Bohinj und führt zum **Triglav**, dem mit 2866 Meter höchsten Berg des Landes. Je mehr Sie sich dem Gipfel nähern, desto phantastischer der Ausblick.

Außer im Küstengebiet und um Ljubljana fährt man auf wenig befahrenen Straßen

Von den Alpen zur Adria

Diese Route führt von den Julischen Alpen durch das romantische Soča-Tal in die Landschaft des klassischen Karst. Von hier ist es nur noch ein Katzensprung zum Golf von Triest.

Die Fahrt beginnt in **Kranjska Gora**, wo sich eine 14 Kilometer lange Paßstraße kurvenreich zum Vršič-Sattel (1611 Meter) hinaufschraubt. Sie durchschneidet dichten Lärchenwald, eröffnet atemberaubende Aussichten auf schneebedeckte Gipfel und schroffe Felswände. Neun Kilometer hinter der Paßhöhe empfiehlt sich ein Abstecher zur **Soča-Quelle**. Über einen markierten Fußweg erreichen Sie die Felshöhle, aus der die Soča kaskadenartig hinabstürzt. Anschließend folgt die Straße dem Lauf des Wildflusses. Vor dem Dorf Trenta lockt das **Alpinum Juliana** zum Besuch, ein botanischer Garten mit seltener Gebirgsflora. Eine weitere Attraktion ist **Slap Boka**, Sloweniens größter Wasserfall: Am Abhang des Kanin, drei Kilometer südlich von **Bovec**, entspringt er einer Felsklamm und stürzt 106 Meter in die Tiefe.

Ab **Trnovo** wird die Nähe des Mittelmeeres spürbar. Das Klima wird milder, alpine Architektur verbindet sich mit mediterranen Elementen. Über Kobarid und Tolmin gelangen Sie nach **Most na Soči**, das auf einem Felsvorsprung über dem gestauten Zusammenfluß der Soča und Idrijca liegt. Ab **Kanal** säumen terrassierte Weinhügel die Straße, in kleinen Hainen stehen Zypressen und Ölbäume. Von **Nova Gorica** folgen Sie der Straße durch das Vipava-Tal in südöstlicher Richtung. Über Dornberk gelangen Sie ins Karstdorf **Štanjel**, das malerisch auf einer Hügelkuppe thront. Nächste Station ist die Stadt Sežana. Von hier ist es nicht weit bis **Lipica**, wo das traditionsreiche Gestüt der Lipizzaner besichtigt werden kann. Über das Karstdorf Lokev fahren Sie ostwärts zu den **Höhlen von Škocjan**.

Neun Kilometer südlich Kozina biegen Sie rechts ab nach **Socerb**. Die mittelalterliche Burgruine bietet einen phantastischen Ausblick auf den Golf von Triest; daneben befindet sich ein bei Slowenen und Italienern beliebtes Ausflugslokal (Grad Socerb, Tel. 0 66/5 93 03, Mittlere Preisklasse). Bei Črni Kal stürzt die Karstwand 300 Meter in die Tiefe, serpentinenreich geleitet die Straße zum fruchtbaren Küstenland hinab. Kurz hinter der Abbruchkante, vor dem Dorf Rižana, lohnt sich ein Abstecher nach **Hrastovlje**, einem malerischen Karstdorf, dessen Kirche ein kunsthistorisches Juwel birgt. Anschließend kehren Sie zur Regionalstraße 10 zurück und fahren ohne weiteren Halt abwärts zur Slowenischen Riviera.

Länge: 240 km
Dauer: Mit Besichtigungen 2–3 Tage
Karte: → Klappe vorne

Auf der Weinstraße von Maribor nach Ljubljana

Auf dieser Tour tauchen Sie ein in die Romantik lieblicher Weingärten und verträumter Winzerdörfer. Auf Häuserdächern nisten Störche, zwischen säuberlich aufgereihten Rebstöcken surren Windräder zur Abschreckung pickfreudiger Vögel.

»Steirische Toskana«

Ausgangspunkt ist die Stadt **Maribor**, von wo Sie der Straße in Richtung Murska Sobota folgen. Rechts erblicken Sie die Burg Hrastovec, kurz darauf passieren Sie Lenart, das auf einer niedrigen Terrasse über dem Tal der Pesnica liegt. In seiner Barockkirche befindet sich die Gruft der Adelsfamilie Herberstein, Besitzerin umfangreicher Ländereien in der Steiermark. Auf kleinen Landstraßen fahren Sie über Osek und Ivanjci nach **Radenci**, ein traditionsreiches Kurbad mit klassizistischem Charme.

Sie folgen nun der Straße nach **Ljutomer**, einem kleinen Städtchen mit mittelalterlichem Kern. Bei Radomerje biegen Sie links in ein schmales Sträßchen ein, das durch verträumte Landschaft nach **Jeruzalem** ins Herz der Weinberge führt. Den ungewöhnlichen Namen erhielt es von den deutschen Kreuzrittern, denen das gesamte Gebiet über 700 Jahre gehörte. Schönste Gaststätte weit und breit ist die Gostišče Jeruzalem neben der barocken Wallfahrtskirche. Sie verfügt über den ältesten Weinkeller der Region (1652) mit hi-

Das Weindorf Jeruzalem ist eine Gründung deutscher Kreuzritter

storischem Winzergerät. Bei schönem Wetter sitzt man im Freien, bewundert die vielen exotischen Bäume, die das Gehöft umgeben (Jeruzalem 8, Tel. 062/714504, mit Gästezimmern).

Sie setzen die Fahrt in südlicher Richtung fort, nächster Halt ist **Ormož**, ein weiteres Weinstädtchen. Im gemütlichen Kellergemach des Hotels Ormož kann zu Klängen einer alten Zither eine zweite Weinprobe genossen werden (Vrazova 5, Tel. 0 62/70 11 21). Die Stadtkirche ist mit einem Freskenzyklus ausgemalt, am östlichen Ortsrand lohnt das Schloßmuseum einen Besuch. Nur drei Kilometer westlich befindet sich der einstige Stammsitz der Kreuzritter: Großsonntag nannten sie ihre Burg – heute trägt der um sie gebildete Ort den slowenischen Namen **Velika Nedelja** und birgt eine ethnologische Sammlung.

Mittelalterliche Städte und heilsame Quellen

Zu den schönsten Städten des Landes zählt **Ptuj**, für einen Spaziergang durch die Altstadt sollten Sie mindestens eine Stunde bereithalten. Südwestlich der Stadt liegt **Ptujska Gora**: Schon von weitem grüßt Sie die berühmte Wallfahrtskirche von einem Hügel. Die weitere Fahrt führt über landschaftlich reizvoll gelegene Kurorte. Das renommierte Heilbad **Rogaška Slatina** liegt in einem von Wäldern umgebenen Tal, unter der Burg **Podčetrtek** breitet sich die Poollandschaft von Atomske Toplice (wörtl. radioaktive Thermen) aus. Sie setzen die Fahrt durch hügeliges Weinland fort, dabei rückt die Straße zeitweise eng an den Grenzfluß Sotla heran. Ab **Brežice**, einer mittelalterlichen Stadt im Schatten einer mächtigen Burg, folgt die Straße dem malerischen Lauf der Krka. Sie passieren das denkmalgeschützte Inselstädtchen **Kostanjevica** und das Zisterzienserkloster Mariabrunn. Die Straße führt westwärts am Wasserschloß **Otočec** vorbei (→ Der Besondere Tip, S. 66), kurz darauf erreichen Sie **Novo Mesto**, die Hauptstadt der Unterkrain.

Kurz hinter der Abzweigung zum beschaulichen Kurort **Dolenjske Toplice** verengt sich das Krka-Tal zu einer vom Fluß ausgewaschenen Schlucht. Sie passieren die Ruinen der **Burg Soteska** und die einst so mächtige, über den Wasserfällen der Krka thronende Festung **Žužemberk**. Bei Ivančna Gorica stoßen Sie auf die vielbefahrene Magistrale. Bevor Sie nun die letzten 30 Kilometer nach Ljubljana zurücklegen, empfiehlt sich noch ein kurzer Abstecher nach **Stična**, wo Sloweniens ältestes und reichstes Kloster besichtigt werden kann.

Länge: 338 km
Dauer: 2–3 Tage
Karte: → Klappe vorne

Durch abgelegenes Grenzland

Liebliche Flußauen und Birkenhaine, Urwald und Karst: Die Route führt in die entlegene Südregion, dorthin, wo sich Hase und Fuchs »Gute Nacht« sagen. Das Auf und Ab in der hügelreichen Landschaft erfordert etwas Kondition, doch wenn Sie müde werden, steht immer ein uriger Gasthof bereit, in dem Sie gut essen und schlafen können.

Die Route startet in **Novo Mesto** und führt Sie in südlicher Richtung nach **Metlika**. Die ersten 17 Kilometer geht es bergauf, danach können Sie sich bequem zur Festungsstadt nördlich der Kolpa hinabtreiben lassen. Auf dem Trg svobode gibt es ein Regionalmuseum mit interessanten archäologischen Funden (Haus Nr. 4, Mo–Sa 9–13, So 10–18 Uhr); am gleichen Platz lädt ein Weinkeller zur Probe des dunkelroten Metliška črnina ein (Haus Nr. 1). Wer vom Wein ermüdet ist, kann bereits auf dem Campingplatz Podzemelj sieben Kilometer südwestlich Metlika die erste Etappe enden lassen. Der Platz ist herrlich an der Kolpa gelegen und von Juni bis Mitte September geöffnet (Tel. 0 68/ 5 91 23). Nahebei befindet sich ein rustikaler Gasthof mit tollen Wildspezialitäten (Gostilna Veselič, Podzemelj 17, 9 Betten, Tel. 0 68/ 5 71 56, mittwochs geschlossen).

Nächster kurzer Zwischenstopp ist **Črnomelj**, Hauptstadt der Provinz Bela Krajina und ein lebendiges Folklorezentrum. Von hier geht es weiter in südöstlicher Richtung, bei Dolenjci erreichen Sie die Kolpa und folgen ihr über Adlešiči flußabwärts,

Die luftige Heuharfe dient auch zum Wäschetrocknen

stets dicht entlang der kroatischen Grenze. Beim Dorf **Zilje**, vier Kilometer östlich von Vinica, entdecken Sie Sloweniens ersten biologischen Bauernhof. Alle Nahrungsmittel sind biologisch-pflanzlichen Ursprungs, wer Lust auf Tofu, Seitan und Sojabohnen hat, kann hier seine Radtour unterbrechen (Bauernhof Erdeljc, Zilje 55, Tel./Fax 068/64333, 5 Betten, Untere Preisklasse).

Die Strecke von Vinica bis Stari Trg ist nicht asphaltiert, zeitweise stärker abschüssig. Sie verlassen nun die Weißmark, über Čeplje und Livold erreichen Sie **Kočevje**, das Zentrum der Trockenmark (Suha Krajina) – so benannt, weil das Regenwasser rasch in den Karstboden einsickert. Mehrere hundert Jahre behauptete sich in den Wäldern rings um den Ort eine deutsche Kolonie, die dank der abgeschiedenen Lage ein altertümliches Deutsch und Brauchtum bewahrte. Als 1941 italienische und deutsche Faschisten Slowenien unter sich aufteilten, wurden die deutschstämmigen Bewohner angesiedelt. Im Zweiten Weltkrieg war der Hornwald (Kočevski Rog) Rückzugsgebiet der Partisanen.

Schöner als die Industriestadt Kočevje ist die sie umgebende Landschaft: In dem urwüchsigen Wald, der bis weit nach Kroatien ausgreift, finden Bär, Wolf und Luchs noch sicheren Unterschlupf – der Lebensraum der drei europäischen Großraubtiere wird wahrscheinlich schon bald zum Nationalpark erklärt. In **Stara Cerkev** nordwestlich von Kočevje lädt die Pension Jasnica zum Besuch ein, der Wirtin werden ausgezeichnete Kochkünste nachgesagt (Pension Jasnica, Gornje Ložine 26, 1332 Stara Cerkev pri Kočevju, Tel. 061/854101, 52 Betten, Untere Preisklasse).

Weiter geht es über Dolenja vas nach **Ribnica**, dessen Bewohner ihr karges Einkommen schon seit Jahrhunderten mit holzgeschnitztem Kunsthandwerk aufbessern. Bei **Žlebič** verlassen Sie die Straße nach Ljubljana und biegen links ab. Auf den nächsten 35 Kilometern bis **Cerknica** hat die Landschaft Mittelgebirgscharakter; sie führt anfangs durch das reizvolle Tal der Bistrica und ist dann immer dichter bewaldet. Bei Cerknica führt links ein Sträßchen in Richtung Otok (Insel). Im Frühjahr und Herbst breitet sich hier über mehrere Kilometer der **Cerkniško Jezero** (**Zirknitzer See**) aus, der sich im Sommer, wenn die Zuflüsse versiegen, in eine fruchtbare Wiesenlandschaft verwandelt; der hiesige Boden gleicht einem Labyrinth von Sauglöchern, durch die das Wasser in die Erde sickert. Bei Planina biegen Sie links in die von Ljubljana kommende Regionalstraße ein, fahren durch die Pforte von **Postojna** in die gleichnamige Karststadt hinab.

Länge: 200 km
Dauer: 3–4 Tage
Karte: → Klappe vorne

Von der Alpenoase Bohinj zum Triglav

■ B 2

Von der **Kirche Sveti Janez** am Ostufer des Bohinjer-Sees gehen Sie auf der Straße nordwärts in Richtung **Stara Fužina**. An der Gabelung nach 15 Minuten halten Sie sich links, folgen dem nach Voje ausgeschilderten Sträßchen. Eine Stunde lang können Sie sich nun unbekümmert treiben lassen, spazieren vorbei an blumenübersäten Wiesen und kleinen Wäldern, haben dabei stets eine dramatische Alpenkulisse vor Augen.

Steiler Aufstieg

An der Gabelung mit der Aufschrift **Velo Polje** biegen Sie links ein. Der Weg führt anfangs sanft bergauf, verengt sich aber bald und schraubt sich durch dichten Wald steil empor. Nach einer weiteren Stunde erhellt sich das Dickicht, auf einer großen Lichtung entspringt eine Quelle. Sie wandern nun wieder durch ein Waldstück, anschließend durch ein schmales Felstal. Nach weiteren drei Stunden ist in 1805 Meter Höhe die Schutzhütte **Vodnikov** dom erreicht, die einen grandiosen Ausblick auf die Bergwelt der Julier bietet (Mobiltelefon 06 09/61 56 21, geöffnet Juli–August).

Am Vodnik-Haus dreiteilt sich der Weg: Sie schlagen den mittleren, zum Triglav ausgeschilderten Pfad ein, der Sie rasch über die Baumgrenze hinausführt. Nach 45 Minuten gelangen Sie zu einer kleinen Hochebene, an der sich der Weg abermals teilt: Halten Sie sich links, so kommen Sie in 1 1/2 Stunden zur 2408 Meter hohen Schutzhütte **Dom Planika** (Mobiltelefon 06 09/61 47 73, geöffnet Juli–August). Von dort können erfahrene Bergsteiger binnen einer Stunde den **Triglav-Gipfel** erklimmen; der Weg ist zwar markiert, aber schwierig, dabei ist ein erheblicher Höhenunterschied zu überwinden. Nach Bewältigung eines schmalen, schwindelerregenden Grates und einer delikaten Kletterpartie können Sie aufatmen: Vom 2864 Meter hohen Triglav genießen Sie einen phantastischen Rundblick!

Dauer: 14 Stunden hin und zurück, verteilt auf 2 Wandertage
Unterkunft: in den genannten bewirtschafteten Schutzhütten
Anforderungen: anstrengende, bis zu den gipfelnahen Schutzhütten gefahrlose Tour; die letzte Etappe zum Triglav ist auch geübten Bergsteigern nur bei guten Witterungsbedingungen zu empfehlen!
Ausrüstung: warme Bekleidung, Wanderschuhe, ausreichend Proviant und Trinkwasser

Der 2864 m hohe Triglav ist der höchste Berg Sloweniens

Auskunft

Beim Slowenischen Fremdenverkehrsamt erhalten Sie alles Wichtige über Unterkünfte, Sportmöglichkeiten und Kulturveranstaltungen.

Slowenisches Fremdenverkehrsamt
Maximiliansplatz 12a
80333 München
Tel. 0 89/29 16 12 02, Fax 29 16 12 73

Slowenisches Fremdenverkehrsamt
Hilton Center
Landstraßer Hauptstr. 2
1030 Wien
Tel. 02 22/7 15 40 10
Fax 7 13 81 77

Slowenisches Fremdenverkehrsamt
St. Leodegarstr. 2
6006 Luzern
Tel. 0 41/4 10 85 15, Fax 4 10 83 54

Die größten Infobüros innerhalb Sloweniens befinden sich in Bled, Ljubljana, Maribor, Portorož und Ptuj.

Zentrum für Tourismusförderung in Slowenien
Dunajska 156
1000 Ljubljana
Tel. 0 03 86/61/1 88 11 64

Diplomatische Vertretungen

Botschaft der Bundesrepublik Deutschland
Prešernova 27
1000 Ljubljana
Tel. 0 61/21 61 66
Fax 1 25 42 10

Österreichische Botschaft
Štrekljeva 5
1000 Ljubljana
Tel. 0 61/21 34 12, Fax 22 17 17

Schweizer Honorarkonsulat
Šmartinska 130
1000 Ljubljana
Tel. 0 61/1 40 52 31, Fax 1 40 11 54

Slowenische Botschaft in Deutschland
Siegfriedstr. 28
53179 Bonn
Tel. 02 28/85 80 31, Fax 85 80 57

Slowenisches Generalkonsulat
Lindwurmstr. 10
80045 München
Tel. 0 89/5 43 98 19, Fax 5 43 94 83

Slowenische Botschaft in Österreich
Nibelungengasse 13
1010 Wien
Tel. 02 22/5 86 13 04, Fax 5 86 12 65

Slowenisches Generalkonsulat
Bahnhofsstr. 22/2
9020 Klagenfurt
Tel. 04 63/5 41 50, Fax 50 40 71

Slowenische Botschaft in der Schweiz
Schwanengasse 9
3011 Bern
Tel. 0 31/3 12 44 11, Fax 3 12 44 14

Feiertage

1./2. Januar	Neujahr
8. Februar	Prešeren-Tag (slowenischer Kulturfeiertag)
27. April	Tag des Widerstands gegen die Okkupation
1./2. Mai	Tag der Arbeit
25. Juni	Staatsfeiertag
15. August	Mariae Himmelfahrt
1. November	Allerseelen
25. Dezember	Weihnachten
26. Dezember	Tag der Unabhängigkeit

FKK

Slowenien ist ein katholisches, doch tolerantes Land. Darum gibt es zahlreiche Möglichkeiten, der Freikörperkultur zu frönen. Offiziell ist FKK erlaubt, z. B. am Ufer des Bohinj-Sees, auf der Drau-Insel Mariborsko Otok sowie an den Thermalpools der Kuranlagen von Banovci-Veržej, Atomske Toplice und Čatez.

Geld

Slowenien verfügt seit 1991 über eine eigene Währung: den **Tolar = 100 Stotin** (SIT). Auf den Geldscheinen sind bedeutende Künstler, Schriftsteller, Architekten und Musiker abgebildet. Der Architekt Jože Plečnik, dem Ljubljana sein heutiges Aussehen verdankt, ziert den 500-Tolar-Schein; France Prešeren, der slowenische Nationaldichter, wurde auf dem Tausenderschein verewigt. Einzige Frau der ehrenwerten Runde ist die realistische Malerin Ivana Kobilca (5000 SIT), für den Schein mit dem höchsten Wert (10 000 SIT) ist der Schriftsteller Ivan Cankar ausersehen. Ferner in Umlauf sind Scheine zum Wert von 10, 20, 50 und 100 SIT sowie Münzen zum Wert von 50 Stotin, 1, 2 und 5 SIT.

1 DM = 88 SIT
1 öS = 12 SIT
1 sFr = 109 SIT

Bargeld und **Travellers Cheques** tauschen Sie in Banken und in Wechselstuben, zu schlechterem Kurs auch in Reisebüros und Hotels. Einen guten Kurs erhalten Sie am Schalter der Post, wenn Sie im Besitz eines **Postsparbuchs** sind. Allerdings können Sie hier nur maximal 1000 DM pro Tag bzw. 2000 DM pro Monat abheben. **Euroschecks** und **Kreditkarten** werden von den meisten namhaften Kreditinstituten angenommen. Besonders verbreitet sind Eurocard, American Express und Visa, Diners Club ist bisher nicht fest etabliert.

Wechselkurs-Umrechnungstabelle

SIT	DM	sFr	ÖS
50	0,56	0,46	4
100	1,13	0,93	8
200	2,26	1,86	16
300	3,39	2,79	24
400	4,52	3,72	32
500	5,65	4,65	40
750	8,47	7,03	60
1000	11,30	9,30	80
2500	28,20	23,25	200
5000	56,00	46,50	400
10000	113,00	93,00	800

Stand: November 1996

Klima und Reisezeit

Slowenien hat ein gemäßigtes Klima mit erheblichen regionalen Unterschieden. Im Nordwesten herrscht Alpenklima mit kalten, schneereichen Wintern und frischen Sommern. Küste, Karst und das Hinterland bis hinauf ins alpine Soča-Tal werden unter dem Begriff Primorska (=Küste) zusammengefaßt: Sie stehen unter mediterranem Einfluß, zeichnen sich durch milde Temperaturen aus. Die Badesaison an der Slowenischen Riviera beginnt Ende Mai und endet Anfang Oktober. In den Wintermonaten bringt die Bora, ein trocken-kalter, vom Land zum Meer wehender Nordostwind, empfindliche Abkühlung. Ostslowenien gehört klimatisch bereits zum kontinentalen Pannonien mit erheblichen jahreszeitlichen Temperaturschwankungen: Die Sommer sind heiß, die Winter kalt.

Ideale Reisezeit für Slowenien sind Frühling und Herbst, wenn in vielen Regionen die Temperaturen deutlich höher sind als in Mitteleuropa. Zum Klimavorteil treten die Vorzüge der Vor- und Nachsaison: Die Preise sind niedriger, die Sehenswürdigkeiten nicht überlaufen, das Angebot freier Unterkünfte ist groß. In dieser Zeit kommen am liebsten die Wanderer; im Frühling genießen sie die Blütenpracht, im Herbst die phantastische Verfärbung der Laubwälder. Im Hochsommer sind die Urlaubsorte an der Küste und in den Alpen fest in slowenischer Hand, frühzeitige Hotelreservierung ist dringend zu empfehlen. Die Wintersaison gehört den Skisportlern – von November bis März können sie in den Alpen mit Schnee rechnen.

Kultur

Für ein Land, in dem nicht einmal 2 Mio. Einwohner leben, gibt es eine erstaunliche kulturelle Vielfalt. Es gibt neun professionelle und eine ständig wachsende Zahl von Amateurtheatern, zwei Opernhäuser, das Sinfonieorchester der Slowenischen

Die genauen Klimadaten von **Ljubljana**

	Durchschnittstemperaturen in °C		Sonnenstunden	Regentage
	Tag	Nacht	pro Tag	
Januar	1,4	-4,7	1,4	9
Februar	4,9	-3,8	2,9	8
März	10,2	0,0	3,9	8
April	15,6	4,3	5,5	10
Mai	20,2	8,8	6,9	12
Juni	24,0	12,2	7,5	11
Juli	26,4	13,7	8,6	10
August	25,7	13,2	7,2	9
September	21,8	10,3	5,4	8
Oktober	15,0	5,8	3,9	10
November	7,7	2,0	1,6	11
Dezember	3,1	-2,0	0,8	10

Quelle: Deutscher Wetterdienst, Offenbach

Philharmonie sowie das Orchester des Slowenischen Rundfunks und Fernsehens, über 900 Chöre, 250 Salons der feinen Künste, 70 Verlagshäuser, zwei große Universitäten, etwa 500 Bibliotheken und 190 Museen.

Landkarten

In allen größeren Orten können Sie in Buchläden und Informationsbüros Kartenmaterial preisgünstig erwerben. Fragen Sie nach einem Stadtplan (**karta mesta**) oder einer regionalen Übersichtskarte (**turistična karta**). Allen, die im Triglav-Nationalpark wandern wollen, ist die Karte **Triglav: Planinska zveza Slovenije** (Maßstab 1:25 000) zu empfehlen.

Medizinische Versorgung

Das Gesundheitswesen ist gut ausgebaut: Jeder größere Ort verfügt über ein Krankenhaus (**bolnica**), viele Ärzte, insbesondere im Norden des Landes und an der Slowenischen Riviera, sprechen deutsch. Kliniken sind in der Regel von 7–19, Apotheken von 7–20 Uhr geöffnet. Deutschland und Österreich haben mit Slowenien ein Sozialversicherungsabkommen abgeschlossen, Urlauber haben deshalb einen Leistungsanspruch gegenüber dem slowenischen Versicherungsträger. Die für diesen Anspruch erforderlichen Unterlagen und Informationen sollten rechtzeitig vor Urlaubsbeginn bei der jeweiligen Krankenkasse angefordert werden.

Zusätzlich empfiehlt es sich, eine Auslandsreisekrankenversicherung abzuschließen. Damit werden Kosten abgedeckt, die im Rahmen der Sozialversicherungsabkommen nicht übernommen werden, z. B. die Zahlungen für einen Rücktransport ins Heimatland.

Notruf

Polizei 92
Feuerwehr 93
Erste Hilfe 94
Pannendienst 987

Öffnungszeiten

Die Geschäfte und Warenhäuser sind in der Regel durchgehend Mo–Fr 8–19 sowie Sa 8–13 Uhr geöffnet. In den von Touristen stark besuchten Orten sind sie oft auch länger geöffnet, insbesondere am Wochenende. Banken und Wechselstuben sind Mo–Fr 9–12 und 14–16.30, Sa 9–12 Uhr, die Post ist Mo–Fr 8–18, Sa 8–12 Uhr geöffnet.

Post

An die Post (**pošta**) ist meist ein Telefon- und Telegrafenamt angeschlossen. Briefmarken (**znamke**) sind sowohl bei der Post als auch im Zeitungskiosk (**delo**) sowie im Tabakladen (**tobak**) erhältlich. Wie in Deutschland sind Briefkästen gelb gestrichen.

Radio und Fernsehen

In der Nordhälfte Sloweniens kann man die österreichischen Fernsehprogramme ORF 1 und ORF 2, im Grenzgebiet zu Italien auch italienische Programme empfangen. Satellitenfernsehen erlaubt zusätzlich den Empfang englischer und französischer Stationen.

In den Monaten Juli und August strahlt das erste Programm des slowenischen Rundfunks täglich außer Sonntag ein umfangreiches Informationsprogramm in deutscher, englischer und italienischer Sprache aus. Es umfaßt Nachrichten und Wettervorhersage, Verkehrshinweise und nützliche Tips.

Reisedokumente

Bürger aus Deutschland, Österreich und der Schweiz benötigen für die Einreise nach Slowenien einen gültigen Reisepaß. Bei einem Aufenthalt von bis zu 90 Tagen genügt der Personalausweis. Autofahrer benötigen für die Einreise zusätzlich die grüne Versicherungskarte.

Religion

Beim Papstbesuch im Mai 1996 versammelten sich über 100 000 Menschen zu feierlichen Messen in Ljubljana, Maribor und Postojna. Anlaß des Besuchs war der 1250. Jahrestag der Einführung des Christentums. Rund 82 % der Slowenen sind heute römisch-katholischen Glaubens, doch nur etwa die Hälfte sind bekennende Christen. Die liberal erzogenen jüngeren Generationen akzeptieren die Kirche als Teil der nationalen Tradition, bewahren aber zugleich Distanz gegenüber den religiösen und moralischen Vorstellungen des Katholizismus. Daran hat sich auch nichts geändert, als die Kirche nach Rückgabe enteigneten Grundbesitzes 1991 zum größten Grundherren des Landes aufrückte: Sie besitzt nicht nur wertvolle Immobilien in Form von Kirchen, Klöstern und Bischofsresidenzen, sondern nennt zugleich mehr als ein Viertel des gesamten slowenischen Territoriums ihr eigen.

Spielcasinos

Elf modern ausgestattete Casinos verlocken zum Roulette und zu anderen Spielen. Das erste wurde vor mehr als 30 Jahren in Portorož eröffnet, es folgten Casinos in Lipica, Bled, Nova Gorica, Rogaška Slatina, Kranjska Gora, Otočec, Maribor und Ljubljana.

Sprache

Das Slowenische ist eine südslawische Sprache, die sich vom Serbokroatischen in vielerlei Hinsicht unterscheidet. Während jahrhundertelanger Fremdherrschaft diente es den Slowenen als wichtigstes identitätsstiftendes Band. Sie erlaubte es ihnen, sich der Assimilierung an deutsche Kultur zu widersetzen.

Taxis

An Bus- und Zugbahnhöfen, vor Hotels und Veranstaltungsorten stehen Taxis bereit, um Gäste zu günstigem Tarif (Grundbetrag bisher 2 DM, dazu 1,30 DM pro Kilometer) weiterzubefördern. Bei Überlandfahrten wird ein Aufschlag verlangt, es empfiehlt sich, den Preis vorher auszuhandeln.

Telefon

Direktanrufe aus Slowenien sind von allen Postämtern, Hotels und Privatanschlüssen möglich. Für Telefonzellen benötigt man Telefonkarten, die in Postämtern und Infobüros erhältlich sind. Wählen Sie die internationale Vorwahlnummer für das Land, in das Sie anrufen möchten, danach die Ortskennzahl, wobei die an erster Stelle stehende Null wegzulassen ist; fügen Sie die Rufnummer des Teilnehmers an – und schon sind Sie mit der gewünschten Person verbunden!

Vorwahlen
D, A, CH → SLO 00386
SLO → D 0049
SLO → A 0043
SLO → CH 0041

Tiere

Mitgeführte Katzen und Hunde benötigen ein Tollwut-Impfzeugnis, das mindestens 15 Tage alt sein muß, aber nicht älter als sechs Monate sein darf. Die vom Tierarzt bescheinigte allgemeine Gesundheitsüberprüfung darf nicht länger als zehn Tage zurückliegen.

Zeit

Zeitumstellung ist nicht nötig, wie Deutschland, Österreich und die Schweiz liegt Slowenien in der zentralreuropäischen Zeitzone. Wie bei uns werden deshalb im März die Uhren um eine Stunde vor- und im Oktober wieder zurückgestellt.

Zoll

In Slowenien sind die Zollformalitäten auf das Notwendigste begrenzt. An den meisten Grenzübergängen sowie am Flughafen Brnik wird die Zollkontrolle locker gehandhabt, allenfalls werden Stichproben vorgenommen. Ausländer können ihre persönliche Habe ohne Verzollung nach Slowenien ein- und ausführen; auch dürfen sie unbegrenzte Mengen fremder Devisen mit sich führen. Für Alkoholika, Zigaretten und Kosmetikartikel gelten folgende Begrenzungen: 200 Zigaretten oder 50 Zigarren oder 250 Gramm Tabak, 0,05 Liter Parfüm, 0,25 Liter Eau de Toilette, 1 Liter Wein, 1 Liter Spirituosen. Geschenke ab einem Wert von 100 DM müssen verzollt werden; die Ausfuhr von Antiquitäten und Kunstobjekten bedarf einer Genehmigung des Kulturministeriums.

In Ljubljana und an der Küste bekommt man internationale Presse tagesfrisch

10 000 v. Chr.
Höhlenbehausungen in den Alpen und Pfahlbauten im Moor von Ljubljana belegen, daß das Gebiet des heutigen Slowenien schon im Neolithikum besiedelt war.

ab 1000 v. Chr.
Die von Süden einwandernden Illyrer lassen sich vor allem an der Küste nieder.

4. Jh. v. Chr.
Die Kelten stoßen von Norden in den Balkanraum vor und gründen das Königreich Noricum.

2. Jh. v. Chr.
Durch Eisenförderung und Handel rückt Noricum zu einer wichtigen Regionalmacht auf.

181 bis 16 v. Chr.
Die Römer gründen die Kolonie Aquileia im Golf von Triest und unternehmen Vorstöße ins Hinterland; 16 v. Chr. wird das Gebiet des heutigen Slowenien unterworfen.

5. Jh. n. Chr.
Raubzüge der Hunnen, Westgoten und Germanen.

Um 600
Slawische Stämme aus dem Dnjepr-Gebiet dringen in den Balkanraum vor, die einheimische Bevölkerung wird slawisiert. 624 Gründung des Fürstentums Karantanien.

Ab 745
Karantanien wird Teil des Frankenreichs; die Slawen werden zum Christentum bekehrt.

9.–13. Jh.
Es regieren wechselnd die Grafen von Andechs-Meran, die Bischöfe von Freising, Salzburg und Brixen sowie die Patriarchen von Aquileia.

Mitte 13. Jh.
Die Habsburger-Dynastie wird Rechtsnachfolgerin des deutschen Königreichs und erwirbt das Herzogtum Krain. An der Küste gelingt es der Seemacht Venedig, Städte in wirtschaftliche und politische Abhängigkeit zu treiben.

1408
Erstmals dringen osmanische Truppen bis zum Herzogtum Krain vor.

1515–1635
Bauern der Untersteiermark und der Krain revoltieren erfolglos gegen die deutsche Feudalherrschaft.

16. Jh.
In der Reformationszeit werden erste Bücher in slowenischer Sprache verfaßt: Primož Trubar publiziert den Katechismus, Jurij Dalmatin übersetzt die Bibel.

Um 1600
Die Gegenreformation setzt sich durch: Für mehr als 200 Jahre wird der Gedanke einer eigenen slowenischen Nationalität zurückgedrängt.

1807–1813
Die Französische Revolution beflügelt kurzzeitig antifeudalen, national inspirierten Protest. Krain wird von den Truppen Napoleons besetzt, Laibach wird vier Jahre lang Hauptstadt der Illyrischen Provinzen.

1848
Der europäische Völkerfrühling stärkt den Wunsch der Slowenen nach nationaler Selbständigkeit; die Illyrische Bewegung strebt einen Zusammenschluß aller südslawischen Völker an.

1918
Nach Auflösung der österreichisch-ungarischen Monarchie vereint sich

Slowenien mit Kroatien und Serbien zu einem Königreich, das ab 1929 Jugoslawien (=Südslawien) genannt wird.

1919/20
Slowenien muß Gebiete im Westen und Norden an Italien bzw. Österreich abtreten. Unter der Regierung Mussolini werden die Slowenen Istriens diskriminiert.

1941
Am 6. April besetzen deutsche und italienische Truppen Jugoslawien. Slowenien wird geteilt: Oberkrain (ohne Ljubljana) sowie die ehemaligen Kärntner und steirischen Gebiete fallen ans Deutsche Reich, Unterkrain an Italien, Prekmurje an Ungarn. Bereits am 27. April wird die Befreiungsfront gegründet, unter Führung der Kommunisten wird ein Partisanenkampf gegen die Besatzer eingeleitet.

1945
Nach dem Sieg der Volksbefreiungsarmee wird Slowenien Teilrepublik des sozialistischen Jugoslawien und kann sich um Julisch-Venetien erweitern. Triest bleibt italienisch.

Ab 1948
Staatspräsident Tito widersetzt sich dem sowjetischen Führungsanspruch und begründet 1956 die Politik der Blockfreiheit.

1974
Im Rahmen einer Verfassungsänderung wird den einzelnen Republiken weitreichende Autonomie zugestanden.

Ab 1980
Nach Titos Tod verstärken sich die wirtschaftlichen und politischen Schwierigkeiten des Vielvölkerstaats Jugoslawien. Ab Mitte der 80er Jahre verstärken sich in Slowenien separatistische Tendenzen.

1989
In der neuen Verfassung Sloweniens wird das Recht auf Sezession festgeschrieben.

1990
Bei den ersten demokratischen Wahlen Sloweniens vom 8. April siegt die Vereinigte Demokratische Opposition und verschärft die Unabhängigkeitskampagne. Am 23. Dezember sprechen sich in einem Plebiszit 88 % der Slowenen für die Sezession von Jugoslawien aus.

1991
Am 25. Juni erklärt sich Slowenien formell unabhängig. Jugoslawische Bundestruppen rücken ein, ziehen sich aber nach zehn Tagen wieder zurück. Am 23. Dezember erkennt Deutschland im Alleingang als erstes Land der Welt die Souveränität Sloweniens und Kroatiens an.

1992
Am 15. Januar wird Slowenien als unabhängiger Staat auch von den übrigen EU-Staaten sowie von Österreich, Ungarn, der Schweiz und zahlreichen weiteren Ländern anerkannt. Am 22. Mai wird es Mitglied der Vereinten Nationen.

1993-96
Slowenien erschließt neue Märkte in Europa, die wirtschaftlichen Zuwachsraten belaufen sich auf etwa 5 % jährlich. Nach langwierigen politischen Querelen mit der italienischen Regierung wird 1995 das Assoziierungsabkommen mit der Europäischen Union unter Dach und Fach gebracht – der Weg zu einer vollen Integration Sloweniens in EU und NATO ist vorgezeichnet.

Orts- und Sachregister

Hier finden Sie die in diesem Band beschriebenen Orte und Ausflugsziele. Außerdem enthält das Register wichtige Stichworte, landessprachliche Bezeichnungen sowie alle Tips dieses Reiseführers. Wird ein Begriff mehrfach aufgeführt, verweist die **fett** gedruckte Zahl auf die Hauptnennung. Die Buchstaben-Zahlen-Kombinationen nach den Seitenangaben verweisen auf die Planquadrate der Karten.

Großartig, faszinierend, voller Abenteuer. Das ist MERIAN *live!*

**Kaum ein anderes Land auf der Welt ist derart vielfältig wie die USA.
Endlose Highways, pulsierende Städte, atemberaubende Natur und dazu Menschen aller Rassen und Kulturen.
MERIAN *live!* begleitet Sie mit guten Tips und umfassenden Informationen von der Ostküste bis in den Wilden Westen.
8 Reiseführer stehen zur Wahl: USA - Der Nordwesten, New York, USA - Ostküste, Florida, USA - Der Alte Süden, Route 66, Hawaii und USA - Der Südwesten.**

ISBN 3-7742-0315-6. Je 12,80 DM.

Änderung und Irrtum vorbehalten.

ISBN 3-7742-0466-7

ISBN 3-7742-0419-5

ISBN 3-7742-0220-6

ISBN 3-7742-0226-5

**Mehr draus machen
Mit Gräfe und Unzer**

GU GRÄFE UND UNZER

An unsere Leserinnen und Leser:

Wir freuen uns, Ihre Meinung zu diesem Reiseführer zu erfahren. Bitte schreiben Sie uns, wenn Sie Berichtigungen und Ergänzungsvorschläge haben oder wenn Ihnen etwas besonders gut gefällt:

Gräfe und Unzer Verlag
Reiseredaktion
Stichwort: MERIAN live!
Postfach 40 07 09
Isabellastraße 32
80707 München

Alle Angaben in diesem Reiseführer sind gewissenhaft geprüft. Preise, Öffnungszeiten usw. können sich aber schnell ändern. Für eventuelle Fehler übernimmt der Verlag keine Haftung

Lektorat: Christof Klocker
Bildredaktion: Christof Klocker
Kartenredaktion:
Dagmar Piontkowski

Gestaltung: Ludwig Kaiser
Umschlagfoto: R. Freyer/Štanjel
Karten: Kartographie Huber
Produktion: Helmut Giersberg
Satz: Hubert Feldschmied
Druck und Bindung: Appl, Wemding
ISBN 3-7742-0451-9

Fotos
Alle Fotos R. Hackenberg außer:
R. Freyer 2, 8, 14, 19, 21, 25, 26, 38, 59, 63, 75, 76, 88, 89, 91, 93, 108, 112

Dieses Buch wurde auf chlorfrei gebleichtem Papier gedruckt

1. Auflage 1997
© 1997 Gräfe und Unzer Verlag GmbH, München

Alle Rechte vorbehalten. Nachdruck, auch auszugsweise, sowie Verbreitung durch Film, Funk und Fernsehen, durch fotomechanische Wiedergabe, Tonträger und Datenverarbeitungssysteme jeglicher Art nur mit schriftlicher Genehmigung des Verlages.

LAND UND LEUTE ERLEBEN. MIT MERIAN.

Wohin Sie auch reisen, MERIAN war schon da. Das MERIAN-Heft Ihrer Lieblingsregion bekommen Sie für DM 14,80 überall, wo es gute Bücher gibt.